SABER DIBUJAR

LAS FIGURAS HUMANAS

SABER DIBUJAR

LAS FIGURAS HUMANAS

BARRINGTON BARBER

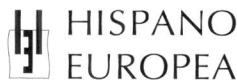

HISPANO
EUROPEA

Título de la edición original:
The Practical Guide to Drawing Figures

© 2009 Arcturus Publishing Limited/Barrington Barber
26/27 Bickels Yard, 151–153 Bermondsey Street,
London SE1 3HA

© de la edición en castellano, 2012:
Editorial Hispano Europea, S. A.
Primer de Maig, 21 - Pol. Ind. Gran Via Sud
08908 L'Hospitalet (Barcelona), España
E-mail: hispanoeuropea@hispanoeuropea.com

© de la traducción: Esther Gil

Depósito Legal: B. 27.472-2012

ISBN: 978-84-255-2061-7

Consulte nuestra web:
www.hispanoeuropea.com

Impreso en España
T. G. Soler, S. A.
Enric Morera, 15
08950 Esplugues de Llobregat (Barcelona)

ÍNDICE

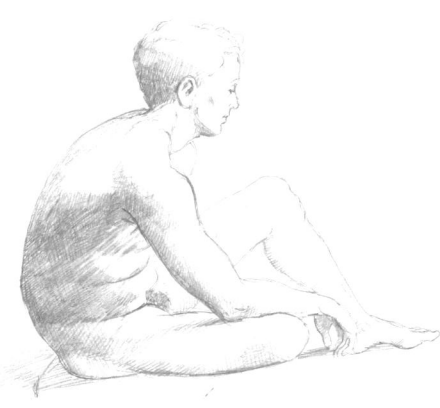

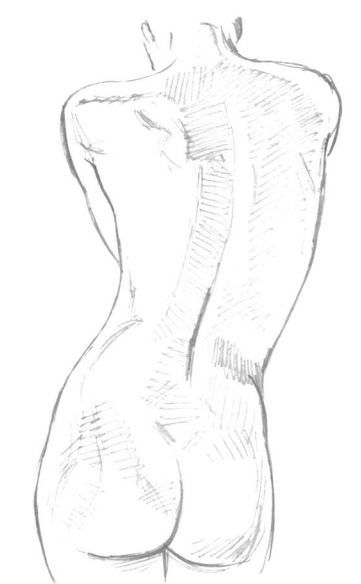

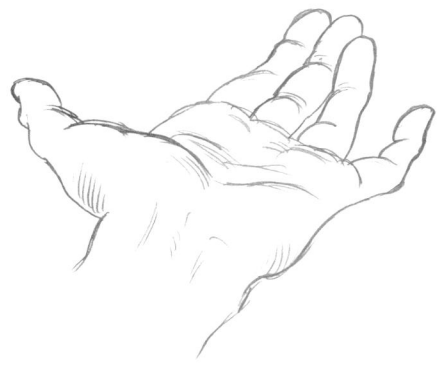

INTRODUCCIÓN

Desde mediados del s. XVI en adelante, la composición se consideró el área más prestigiosa del arte, objeto de interés de los mayores artistas de la época. Desde luego demostraban gran habilidad en todas las áreas del dibujo y la pintura, pero en pleno apogeo de los grandes talleres de arte (*bottegas*) del Renacimiento era el maestro el único artista que dibujaba las figuras humanas, dejando el resto de la composición por completo en manos de sus aprendices. Así que prepárate para el tema más interesante pero también más difícil como dibujante, pero no te sientas en ningún momento abrumado. Durante mis muchos años de experiencia como profesor he observado que cualquiera puede aprender a dibujar bien, siempre y cuando haya una combinación de arduo trabajo y el deseo de conseguir el éxito.

El objetivo de este libro es explorar todas las prácticas necesarias para alcanzar un buen nivel de dibujo de la figura humana. Primero veremos cómo se forma el cuerpo humano, desde su esqueleto (la base para cualquier figura) hasta los detalles de las extremidades, el torso, las manos, los pies y la cabeza. Siempre resulta útil tener cierta idea de la formación corporal tras la piel y cierto conocimiento de cómo los músculos rodean la estructura ósea, ya que dichas formas se muestran en la superficie del cuerpo. Sin ese conocimiento sobre la estructura subyacente resulta mucho más difícil saber de dónde vienen los volúmenes y curvas que vemos.

También estudiaremos el equilibrio de las extremidades cuando el cuerpo está en movimiento y cómo el artista puede producir un efecto de movimiento que resulte natural y convincente al observador.

Las técnicas de dibujo también se examinarán, así como las distintas maneras en que los artistas se han esforzado por mostrarnos cómo se puede retratar la figura humana, desde el detalle exhaustivo hasta la máxima expresión. Desde luego, este libro no se trata de un volumen completo, ya que el dibujo del cuerpo humano se ha desarrollado y explorado a lo largo de los siglos a medida que los artistas han ido buscando nuevas formas para retratar la forma humana.

Sin embargo, creo que disfrutarás de esta introducción al fascinante mundo del dibujo de la figura humana y podrás ver el gran reto que supone, además de ir desarrollando tus propias capacidades como artista.

Barrington Barber

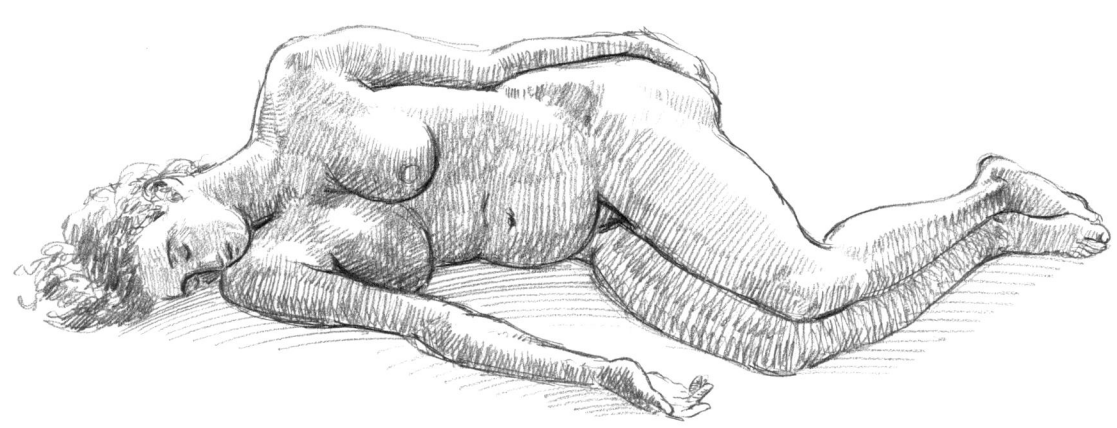

Materiales

Cualquier medio es válido para dibujar figuras. Dicho esto, hay instrumentos más válidos que otros en circunstancias particulares y su adecuación depende de los resultados que se quieren conseguir. No te hará falta comprar todos los utensilios que vamos a listar a continuación, pero te conviene ir experimentando: empieza con la gama de lápices que se sugieren y,

cuando ya sientas que te gustaría probar algo nuevo, pasa a algo distinto. Ten en cuenta que cada utensilio tiene su propia identidad y que necesitarás experimentar antes de extraer todo su potencial o descubrir cuál es la herramienta adecuada para tu propósito. Échale un vistazo a las páginas 46-47 para saber más sobre materiales distintos.

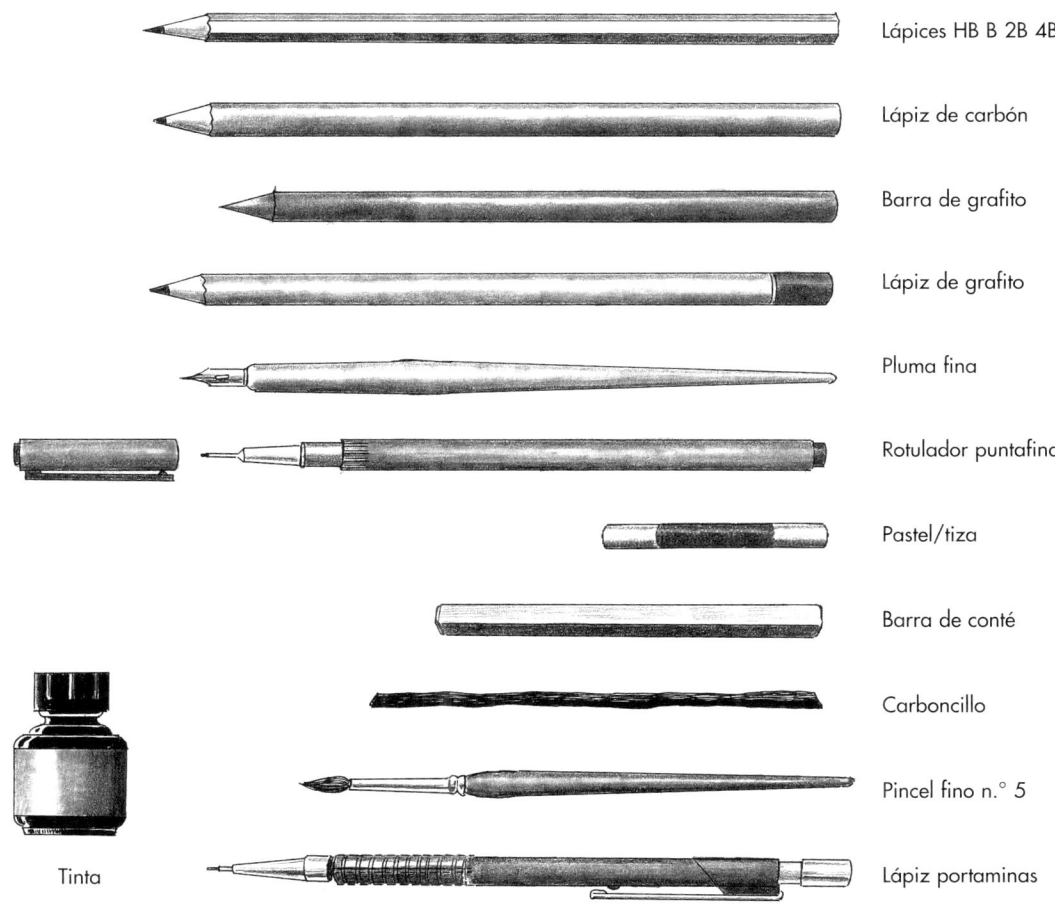

Lápices HB B 2B 4B

Lápiz de carbón

Barra de grafito

Lápiz de grafito

Pluma fina

Rotulador puntafina

Pastel/tiza

Barra de conté

Carboncillo

Pincel fino n.º 5

Tinta

Lápiz portaminas

PROPORCIONES DE LA FIGURA HUMANA

Por lo general, el cuerpo humano femenino es ligeramente más pequeño y fino en estructura que el de un varón, pero por su puesto los tamaños difieren tanto que tendrás que utilizar tus dotes de observación al dibujar a cualquier persona. En los ejemplos de más abajo los hombros del hombre son más anchos que los de la mujer y las caderas de la mujer son más anchas que las del hombre. Sin embargo, se trata de una proporción clásica y en la vida real la gente a menudo no tiene una formación tan perfecta. Sin embargo, te servirá de guía para darle forma y proporción al curpo humano.

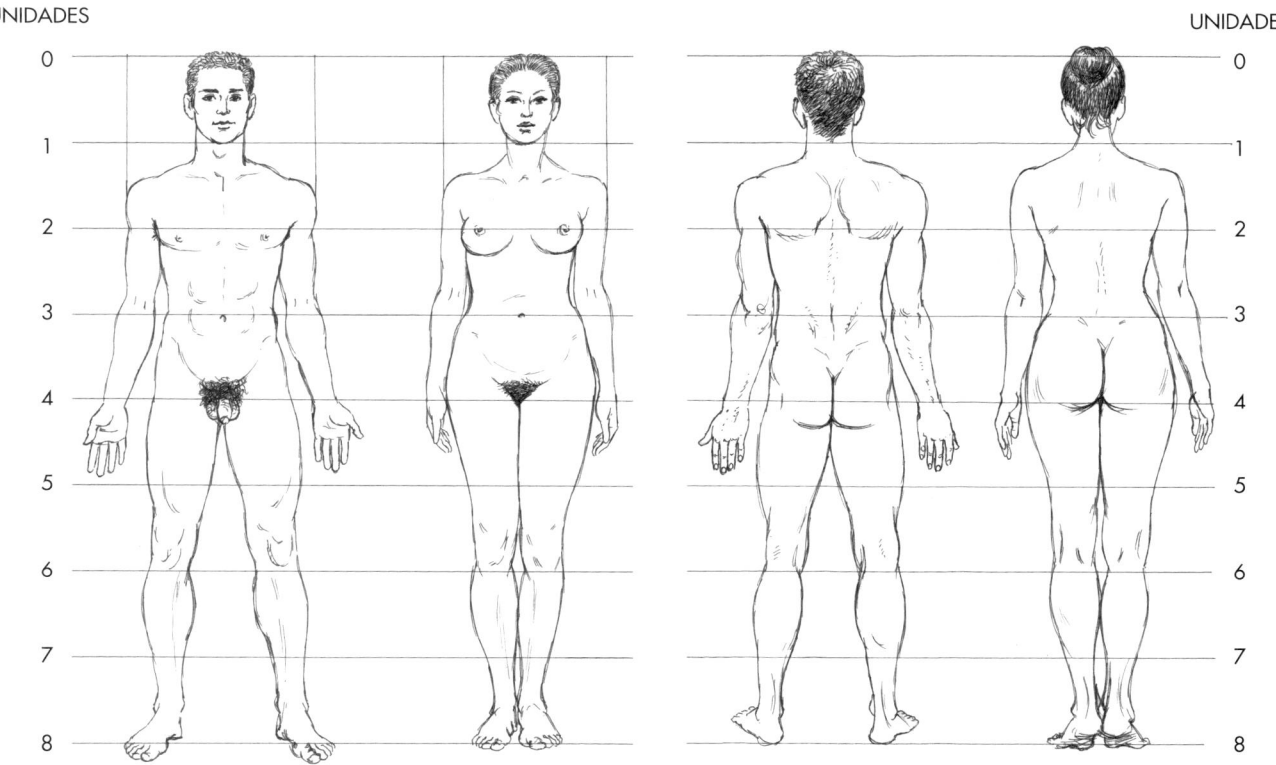

UNIDADES

UNIDADES

Estos dibujos asumen que el hombre y la mujer tienen exactamente la misma altura, teniendo cada uno de los géneros una altura de ocho veces la longitud de su cabeza. Hay que tener en cuenta que hay otras unidades de longitud de la cabeza que se tienen en cuenta: la segunda unidad está en las axilas, la tercera en el ombligo, la cuarta en el pubis o ingle, la quinta a medio muslo, la sexta debajo de la articulación de la rodilla y la séptima justo por debajo de la pantorrilla. Se trata de una escala muy útil para empezar.

El cuello del hombre es más grueso en relación con la cabeza mientras que el cuello de la mujer es más esbelto. La cintura de la mujer es más estrecha que la del hombre y por lo general el efecto de la figura femenina es más suave que el del hombre. Las principales diferencias se encuentran en el momento del parto y del cuidado de los hijos. Las caderas de las mujeres son más anchas que las de los hombres por esa razón.

Proporciones de los niños

Las proporciones de los cuerpos de los niños cambian a una velocidad de vértigo y, puesto que cada uno crece a un ritmo distinto, la proporción que encaja con un niño de cierta edad quizás no encaja con otro.

Por consiguiente, los dibujos que se exponen solo pueden tomarse como guía de los cambios de proporción en los niños a medida que crecen. La cabeza de un niño es mucho menor que la de un adulto y solo llega a al tamaño adulto a los 16 años. Sin embargo, la diferencia más obvia entre un niño, un adolescente y un adulto es que las extremidades y el cuerpo se van estilizando como parte del proceso de crecimiento. En algunos casos, si la tendencia es a estar un poco relleno, pueden tener un aspecto más redondeado. Los niños y las niñas suelen tener un cuerpo similar hasta que llegan a la pubertad.

UNIDADES

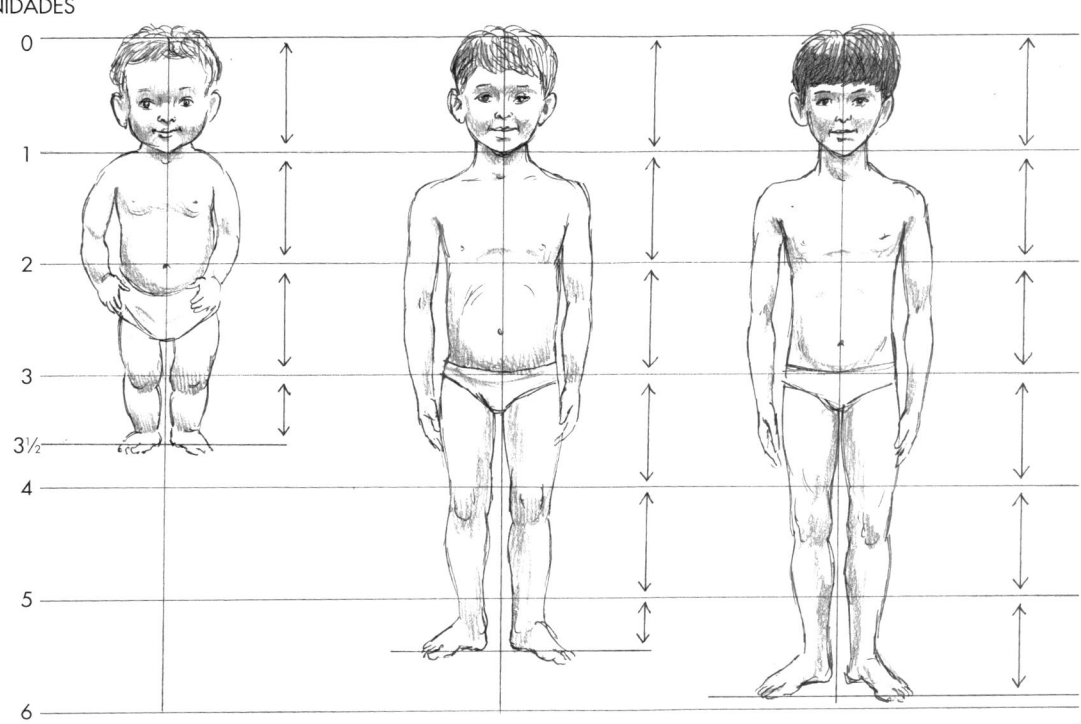

Al principio de la vida la cabeza es mucho mayor en proporción con el resto del cuerpo que en los años posteriores. El niño de la izquierda solo tiene 18 meses y muestra la proporción en un niño de crecimiento medio. La altura es solo tres veces y media la longitud de la cabeza, lo que significa que las proporciones de los brazos y las piernas son mucho más pequeñas en comparación con las de un adulto.

A la edad de seis o siete años, como se muestra en el dibujo del centro, la altura del niño ya supera las cinco veces la longitud de la cabeza, aunque, repetimos, puede variar. A los 12 años aproximadamente (derecha) la proporción es de seis veces la longitud de la cabeza. Hay que advertir que en los niños más pequeños, la mitad de la altura del cuerpo está mucho más cerca del ombligo, pero, a medida que se van haciendo más mayores, este punto va bajando hasta que llega a la proporción adulta. El ancho relativo del cuerpo y las extremidades en relación con la altura gradualmente va haciéndose más esbelto, de manera que los niños más pequeños tienen un aspecto más rollizo y redondeado, mientras que los niños de 12 años pueden llegar a parecer muy delgados en relación con su altura.

EL ESQUELETO

Aprenderse los nombres de los huesos que conforman el esqueleto humano y cómo se relacionan entre sí en el cuerpo puede parecer una ardua tarea, pero se trata de los cimientos del cuerpo y hay que estar familiarizados con ellos porque nos ayudarán a entender cómo dibujar la figura humana.

VISTA DELANTERA

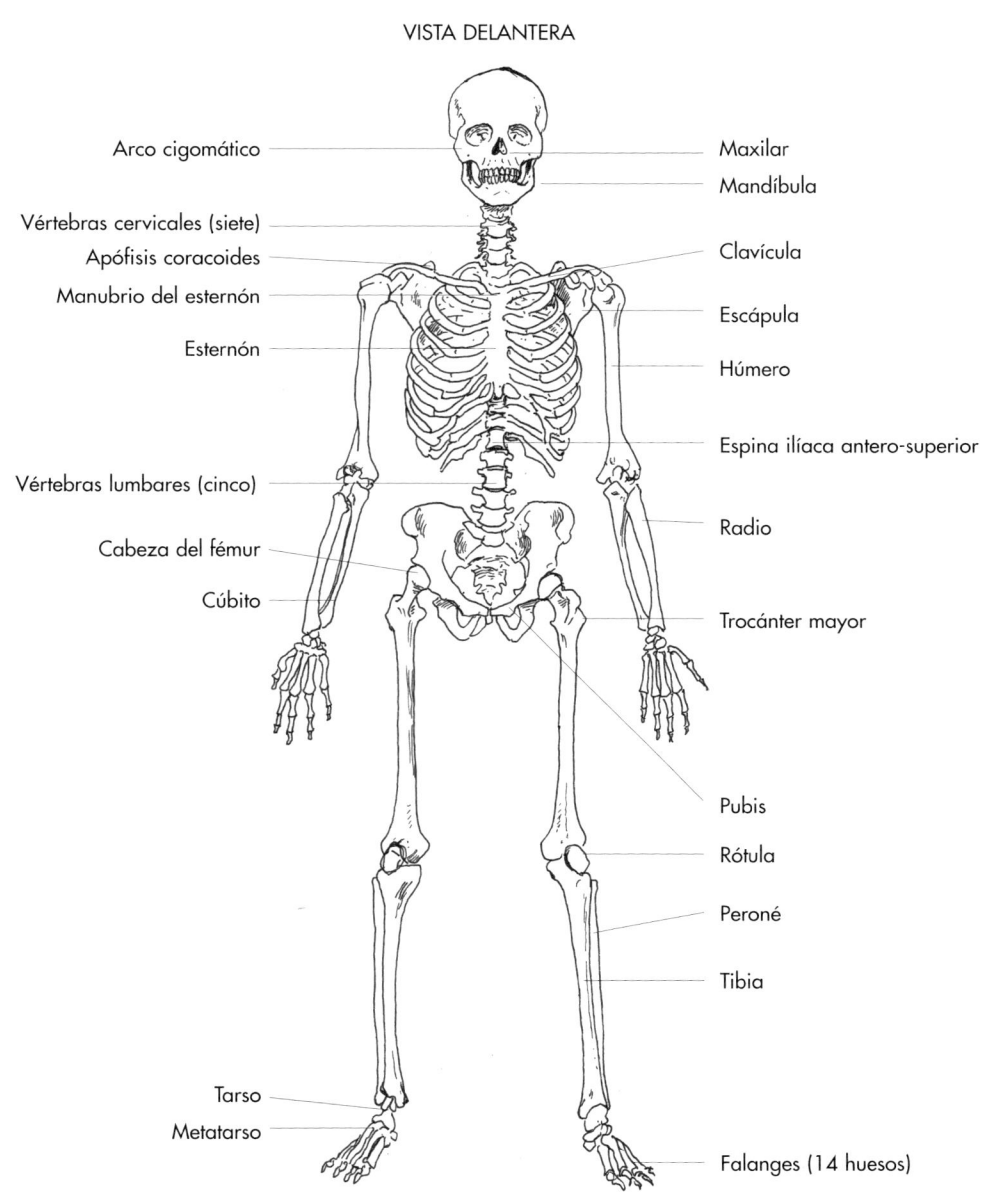

Arco cigomático

Vértebras cervicales (siete)

Apófisis coracoides

Manubrio del esternón

Esternón

Vértebras lumbares (cinco)

Cabeza del fémur

Cúbito

Tarso

Metatarso

Maxilar

Mandíbula

Clavícula

Escápula

Húmero

Espina ilíaca antero-superior

Radio

Trocánter mayor

Pubis

Rótula

Peroné

Tibia

Falanges (14 huesos)

Sólo intentar copiar un esqueleto, sobre todo si se intenta dibujar de cerca, ya hace que aprendamos muchísimo sobre el funcionamiento del cuerpo. Es esencial poder reconocer los lugares en los que la estructura ósea es visible tras la piel y, por inferencia, hacerse una idea sobre el ángulo y la forma de los huesos incluso cuando no pueden advertirse. La mayoría de los laboratorios de ciencias de los colegios tienen esqueletos de plástico muy reales que pueden tomarse como modelo para dibujar y también hay escuelas de artes que cuentan con esqueletos reales. Todo el tiempo dedicado a dibujar esqueletos valdrá la pena y dará sus frutos.

UN TRUCO ÚTIL

Aprender a relacionar el esqueleto y la estructura muscular del cuerpo con la apariencia externa es aún más importante al progresar en el dibujo de la figura humana. Es necesario estudiar la estructura del cuerpo en detalle para dibujar con convicción.

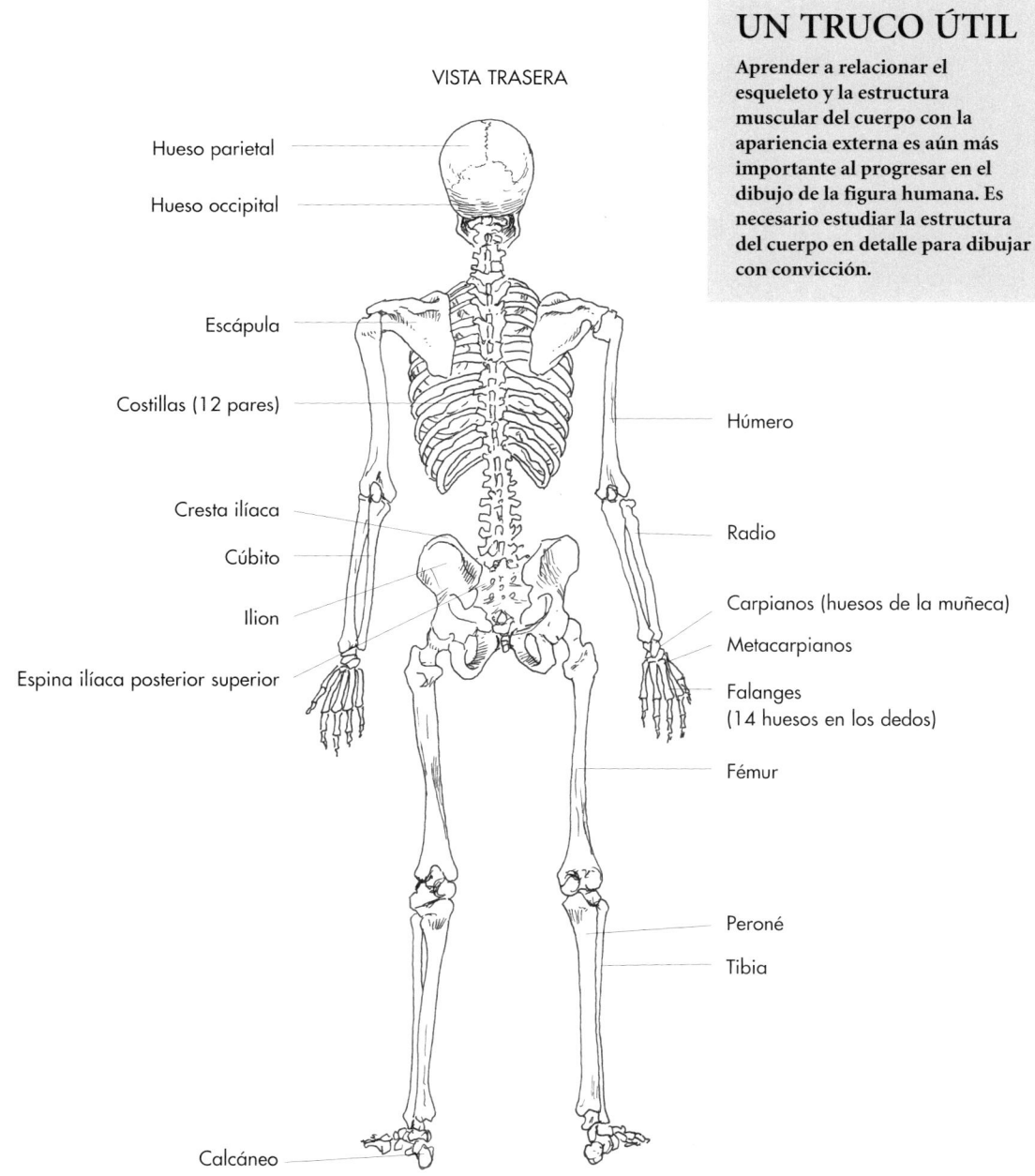

VISTA TRASERA

Hueso parietal

Hueso occipital

Escápula

Costillas (12 pares)

Cresta ilíaca

Cúbito

Ilion

Espina ilíaca posterior superior

Húmero

Radio

Carpianos (huesos de la muñeca)

Metacarpianos

Falanges
(14 huesos en los dedos)

Fémur

Peroné

Tibia

Calcáneo

LA MUSCULATURA

Después de estudiar el esqueleto, el siguiente paso lógico es examinar el sistema muscular. Resulta más complejo, pero hay muy buenos libros que muestran cómo están dispuestos los músculos y cómo están vinculados y rodean la estructura ósea, y que aportan una idea mucho más clara de la forma del cuerpo humano.

VISTA DELANTERA

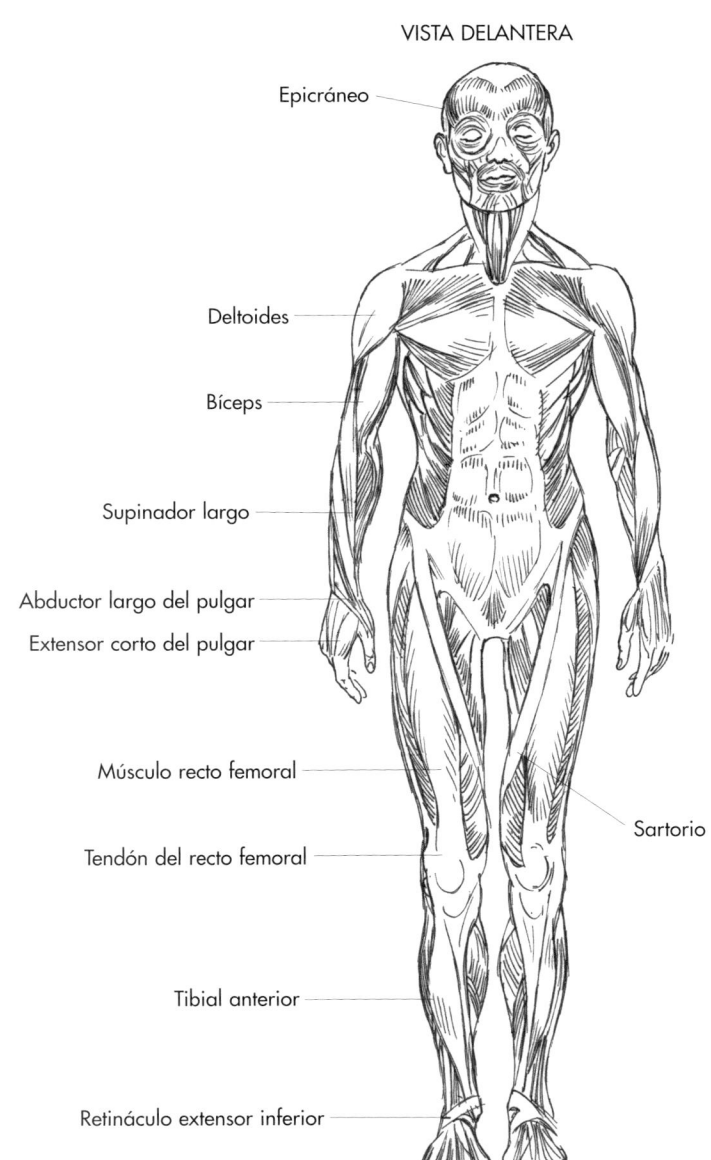

Epicráneo

Deltoides

Bíceps

Supinador largo

Abductor largo del pulgar

Extensor corto del pulgar

Músculo recto femoral

Tendón del recto femoral

Sartorio

Tibial anterior

Retináculo extensor inferior

UN TRUCO ÚTIL

Es buena idea seguir un diagrama como este e intentar encontrar en el propio cuerpo el máximo número de músculos. Esta conexión entre los músculos de nuestro cuerpo y el diseño general del cuerpo humano nos ayudará en dibujos posteriores.

Como artistas, nuestro interés principal reside en la estructura de los músculos de la superficie. Hay dos tipos de músculos que establecen la forma esencial del cuerpo y son estriados o con aspecto liso. Los músculos más grandes son los que hay que conocer primero y,

una vez estemos familiarizados con ellos, investigar las estructuras musculares más profundas ya solo dependerá del interés personal. Si puedes recordar los músculos más obvios, ya será suficiente para dibujar el cuerpo humano.

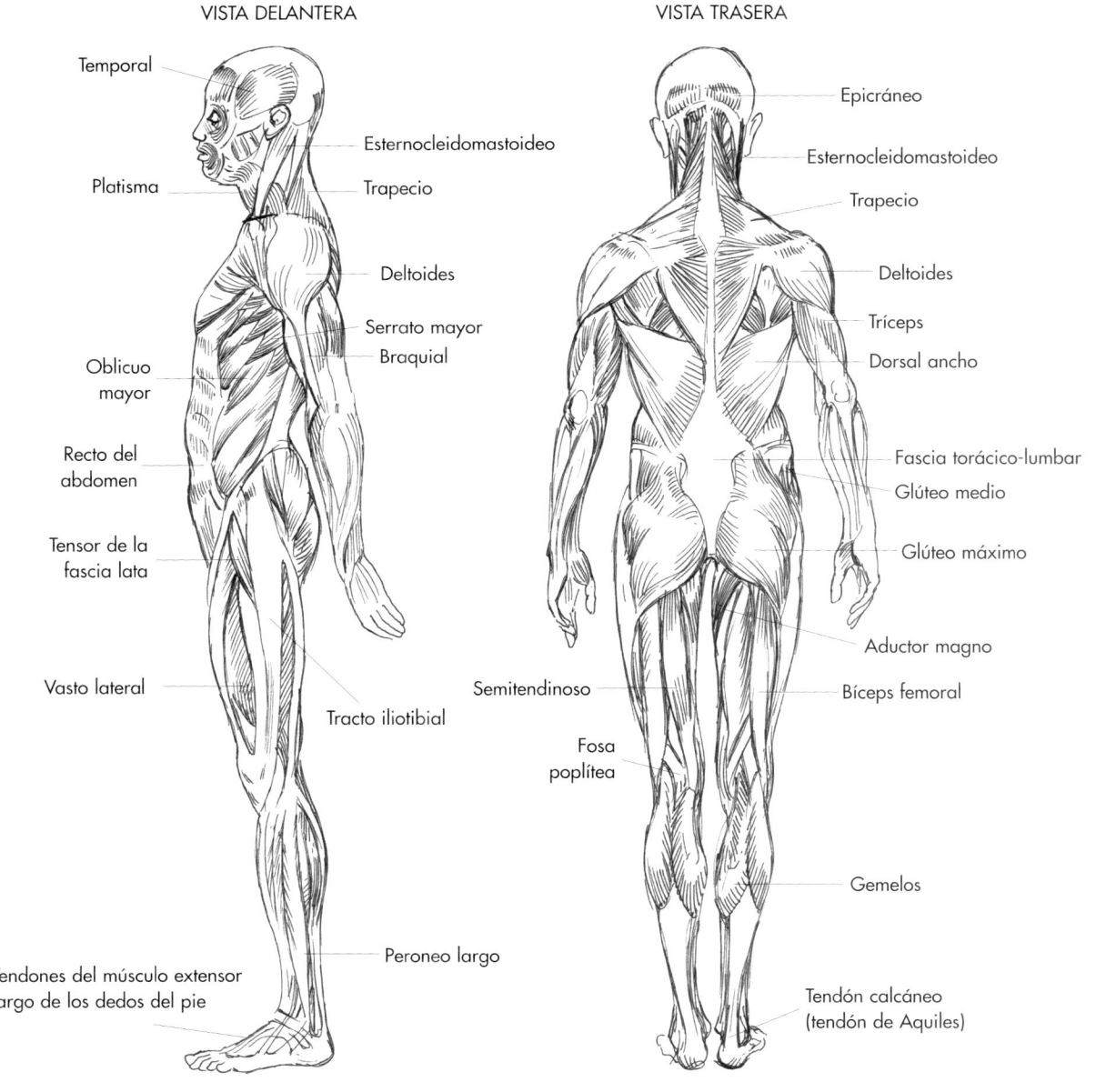

VISTA DELANTERA

Temporal

Platisma

Oblicuo mayor

Recto del abdomen

Tensor de la fascia lata

Vasto lateral

Tendones del músculo extensor largo de los dedos del pie

Esternocleidomastoideo

Trapecio

Deltoides

Serrato mayor

Braquial

Tracto iliotibial

Peroneo largo

VISTA TRASERA

Epicráneo

Esternocleidomastoideo

Trapecio

Deltoides

Tríceps

Dorsal ancho

Fascia torácico-lumbar

Glúteo medio

Glúteo máximo

Aductor magno

Semitendinoso

Bíceps femoral

Fosa poplítea

Gemelos

Tendón calcáneo (tendón de Aquiles)

DIBUJAR CON MODELOS REALES

Dibujar partiendo de la realidad es la base de cualquier técnica de dibujo y, por su puesto, lo es aún más en el caso de las figuras humanas. El cuerpo humano es lo más sutil y difícil de dibujar y aprenderás más de unas cuantas sesiones enfrente de un modelo de lo que jamás podrás aprender estudiando fotografías. Incluso los artistas profesionales asisten a clases de pintura con modelos reales cuando pueden, a menos que puedan permitirse sus propios modelos.

Una de las principales ventajas de las clases con modelos es que suele haber un artista cualificado impartiendo el curso. La dedicación y la ayuda de la mayoría de esos profesores de dibujo les permite a los alumnos ir mejorando gradualmente y trabajar mano a mano con otros estudiantes, desde principiantes hasta artistas ya muy dotados, lo que sin duda nos animará a mejorar gracias a la emulación y la competencia.

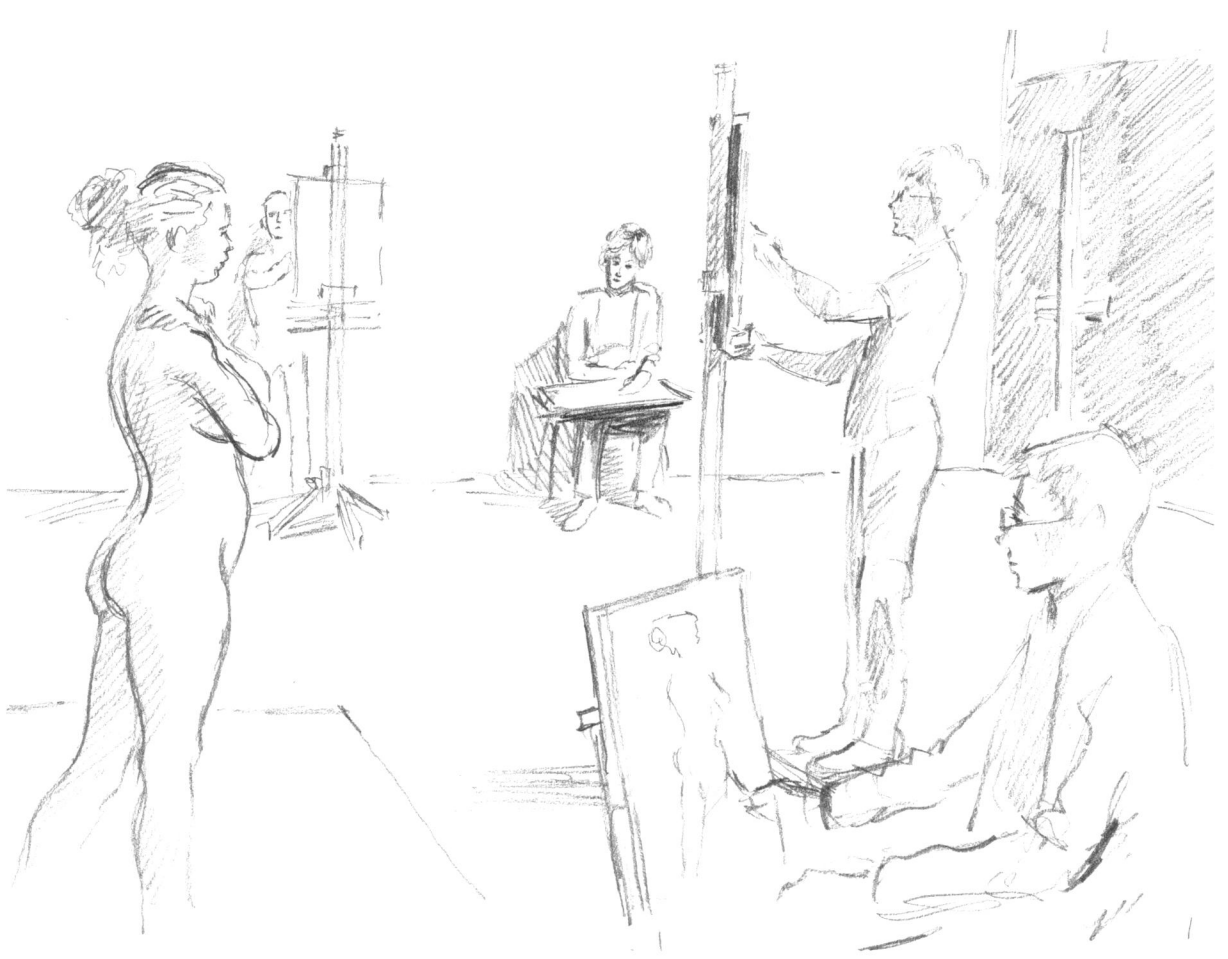

Un ejercicio en pasos

Para un principiante que se embarca por primera vez en el dibujo de una figura entera, la tendencia es ponerse bastante tenso debido a la grandeza de la tarea y a la presencia de un modelo real. Para empezar, lo mejor es hacerlo paso a paso. Se puede dejar de dibujar en cualquier fase, ya que no hay necesidad de someterse a la presión de concluir el dibujo si todavía no se está preparado. Hay que empezar por lo más sencillo, por ejemplo una figura masculina sentada, tal y como mostramos a continuación.

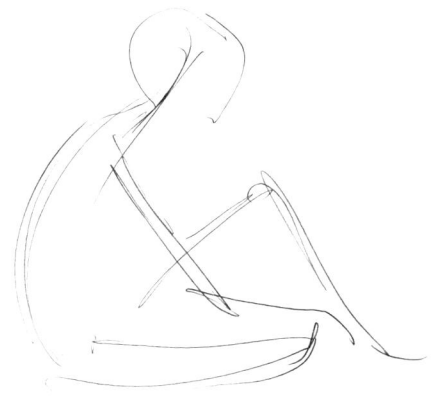

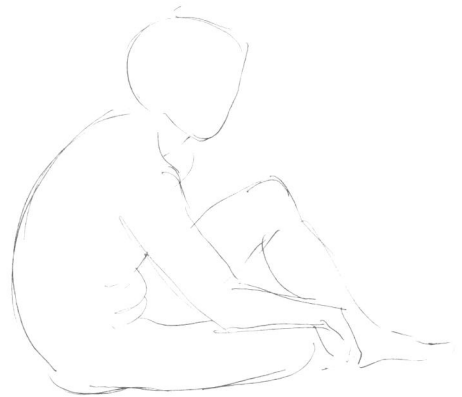

Paso 1

La primera fase es ver la forma básica que conforman la disposición del cuerpo y las extremidades, basándose en unas formas geométricas sencillas.

Paso 2

La siguiente fase es darle a la figura el volumen más parecido a la persona, dibujando los contornos curvados alrededor de cada extremidad, la cabeza y el torso.

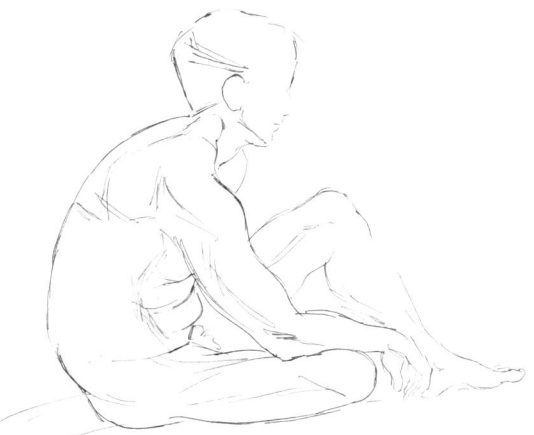

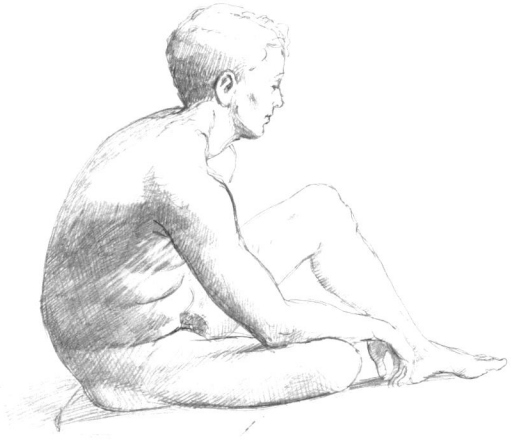

Paso 3

El siguiente paso es continuar con los volúmenes de la superficie mostrando las luces y sombras en el cuerpo.

Paso 4

Por último, hay que añadir las sombras para que el aspecto tridimensional de la figura sea más evidente.

FIGURAS EN PERSPECTIVA

   Una vez te sientas cómodo con las primeras fases para dibujar figuras sentadas sobre papel, ya estarás preparado para asumir el reto mayor de ver las figuras en perspectiva, en las que las extremidades y el torso se vean de escorzo, totalmente distintas a la pose convencional del cuerpo humano.

   Para examinar una figura en escorzo, el modelo debería estar tumbado en el suelo o sobre una plataforma baja o cama. Deberías posicionarte de modo que puedas ver el cuerpo desde un extremo en toda su longitud. Así tendrás una visión de la figura humana en la que las proporciones normales cambian. Debido a las leyes de la perspectiva, las partes que te queden más cercas parecerán mucho más grandes que las partes alejadas.

   Al mirar la figura desde el extremo de los pies, estos y las piernas parecerán enormes, mientras que el torso y la cabeza parecerán en relación con ellos.
   A veces los hombros ni siquiera se ven y la cabeza es solo un anexo de la mandíbula, con la mera sugerencia de una boca, una nariz puntiaguda, las cejas y el pelo reducidos a la mínima expresión.

Si observamos el cuerpo desde el extremo de la cabeza vemos que todo tiene que recalcularse. Esta vez la cabeza se ve muy grande pero prácticamente solo se ve la parte superior y los hombros y el pecho o los omóplatos, que tienen un gran volumen.

A medida que el ojo va viajando hacia abajo, hacia las piernas, lo más notable es que parecen realmente cortas y regordetas desde este ángulo. Los pies pueden sobresalir si el modelo está bocarriba, pero las piernas parecen solo un cúmulo de curvas de pantorrillas, rodillas y muslos.

Intenta medir la diferencia entre las piernas y el torso y verás que, aunque sabes que las piernas tienen una longitud similar a la mitad de la figura humana, desde este ángulo parece que sólo ocupan un cuarto de la longitud total. No sólo eso, sino que la anchura de los hombros y las caderas parece tremendamente exagerada de modo que el cuerpo se ve muy corto en relación con su anchura. La mayoría de los estudiantes que no han dibujado antes desde este ángulo, dibujan el cuerpo demasiado largo para su anchura. Asegúrate de observar la figura con atención para evitar caer en este error.

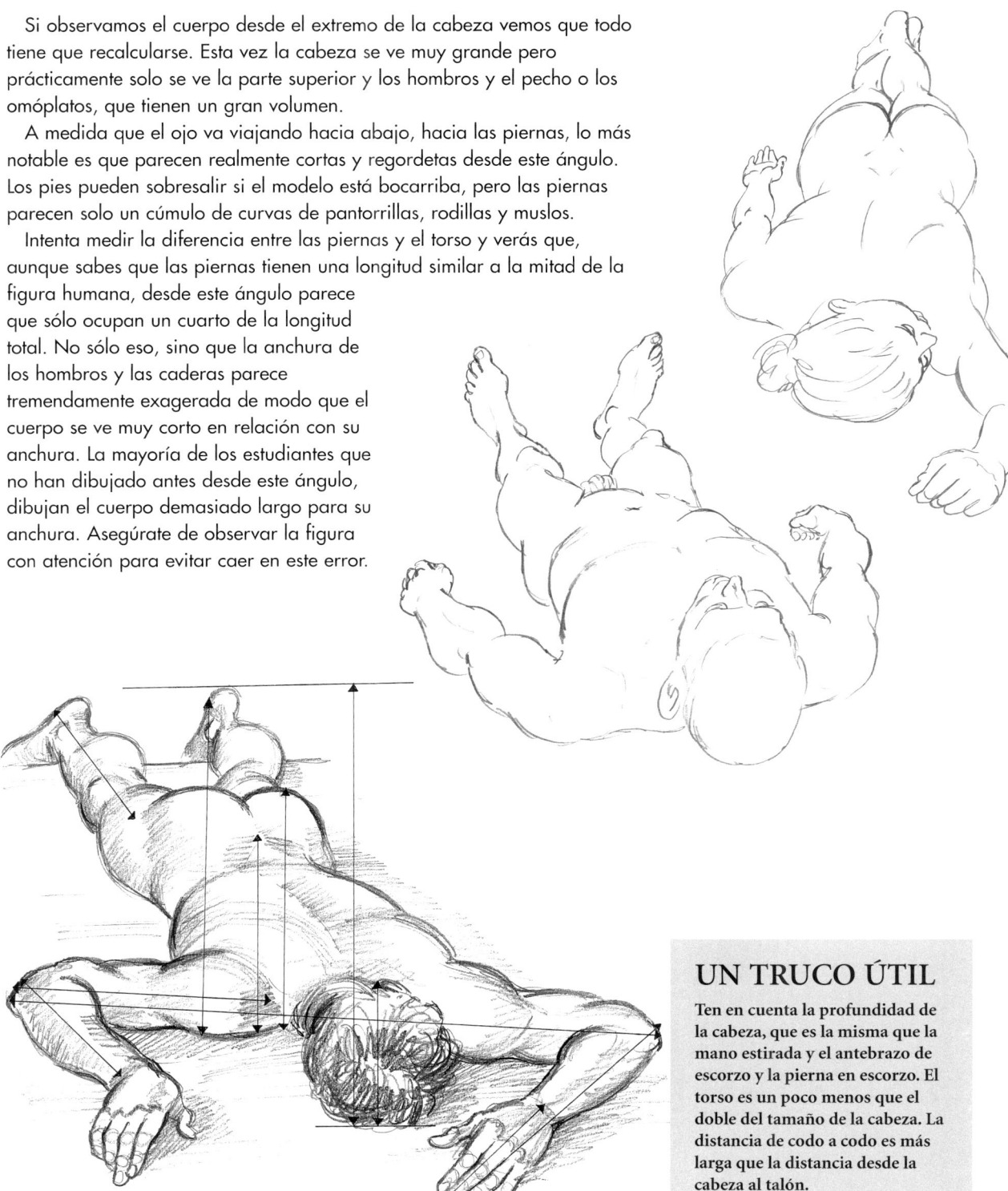

UN TRUCO ÚTIL

Ten en cuenta la profundidad de la cabeza, que es la misma que la mano estirada y el antebrazo de escorzo y la pierna en escorzo. El torso es un poco menos que el doble del tamaño de la cabeza. La distancia de codo a codo es más larga que la distancia desde la cabeza al talón.

EL TORSO

Los torsos masculinos y femeninos presentan una superficie muy diferente, ya que la mayoría de los hombres están más musculados que las mujeres y eso hará que la luz caiga de forma diferente en los ángulos y las planicies del cuerpo. En el caso del torso femenino, las zonas sombreadas son más largas y suaves, ya que las zonas planas del cuerpo no se encuentran sobresaltadas por una musculatura tan marcada.

El torso masculino que mostramos aquí desde una vista de frente y lateral tiene unos músculos muy marcados, que son fácilmente visibles en un hombre que esté en forma. He elegido un cuerpo atlético bien desarrollado para dibujar, ya que así quedan bien evidentes los músculos que hay bajo la piel. Algunos de los límites de los grandes músculos están muy marcados mientras que otros límites son más suaves y sutiles.

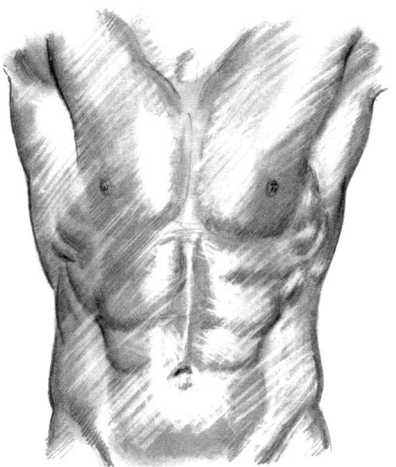 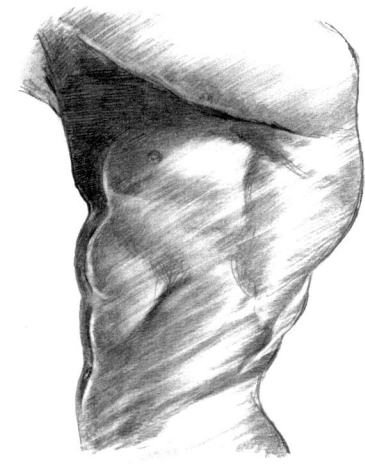

Esta figura femenina también es joven y atlética y hay que recordar que muchas mujeres no tienen este equilibrio de musculatura y carne. ES decir, como normal general, la figura femenina muestra menos estructura muscular debido a una capa de grasa subcutánea que suaviza los límites de los músculos. Por eso las mujeres tienen tendencia a parecer más redondeadas y blandas que los hombres.

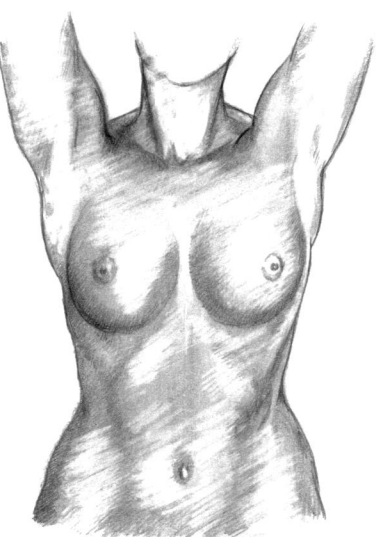 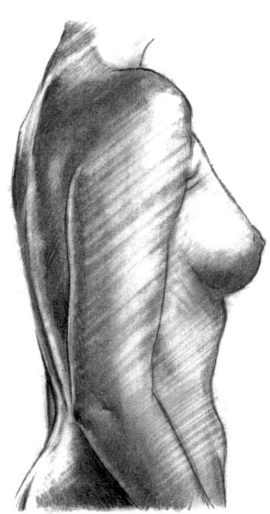

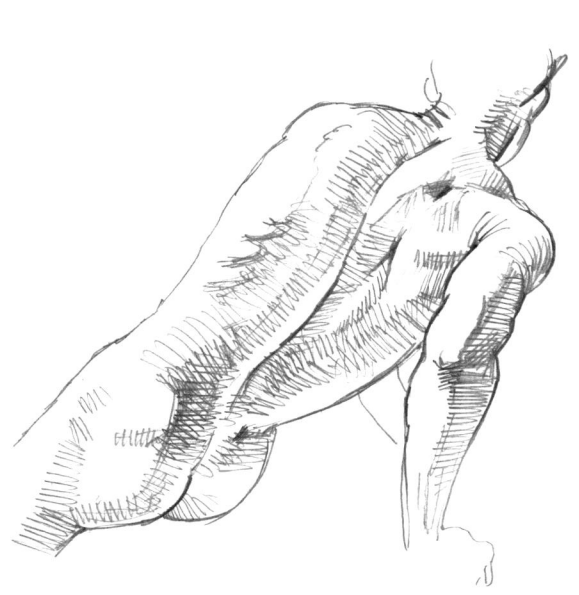

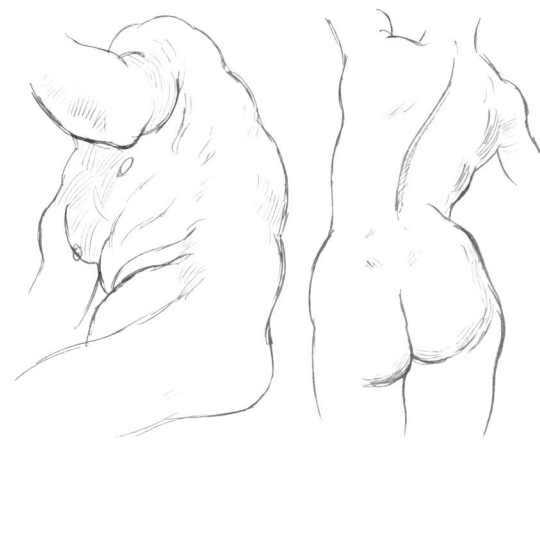

En estos dibujos se puede ver cómo la columna vertebral nos indica perfectamente lo que le ocurre al cuerpo cuando se agacha y cuando se estira. Las curvas de la columna ayudan a definir la pose con gran claridad y, por ello, lo mejor es empezar a dibujar la figura humana a partir de la columna. El resto de las partes de la estructura corporal pueden irse construyendo a su alrededor. Incluso cuando no podemos ver la columna, las curvas nos ayudarán a dibujar el cuerpo humano con convicción.

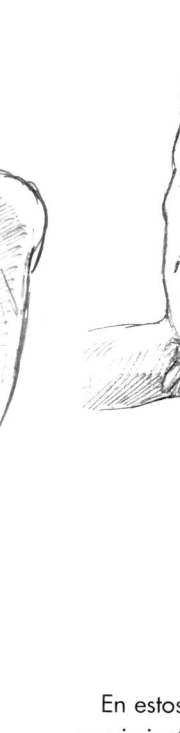

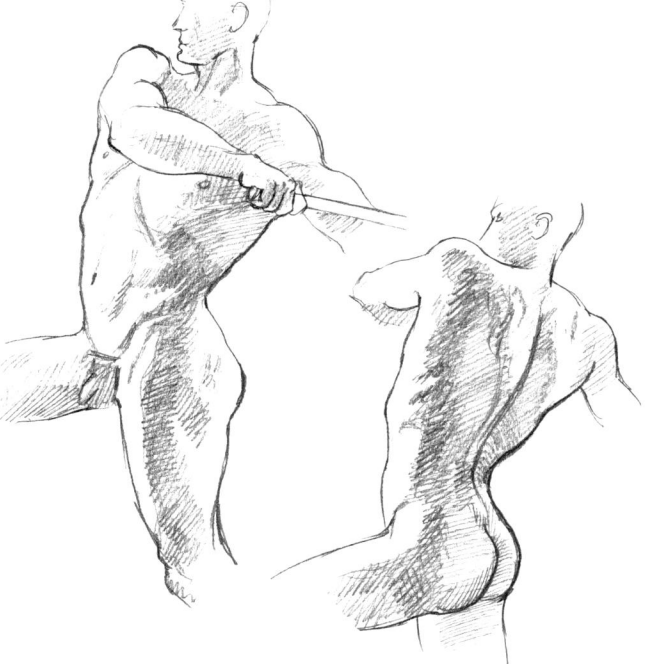

En estos dos dibujos la figura está haciendo el mismo movimiento pero desde distintos ángulos. Eso nos permite «ver a través» de la figura y entender mejor qué le está ocurriendo al cuerpo.

Dibujar el torso desde un extremo del cuerpo presenta nuevos retos. No hay que olvidarse de que la parte del torso que queda más alejada parecerá más pequeña, así que si se está mirando el cuerpo desde los pies hasta la cabeza quedará minimizado, los hombros y el pecho se verán bastante pequeños y las caderas y las piernas relativamente grandes. Visto desde el extremo de la cabeza, esta, los hombros y el pecho dominarán el dibujo mientras que las piernas tenderán a desaparecer.

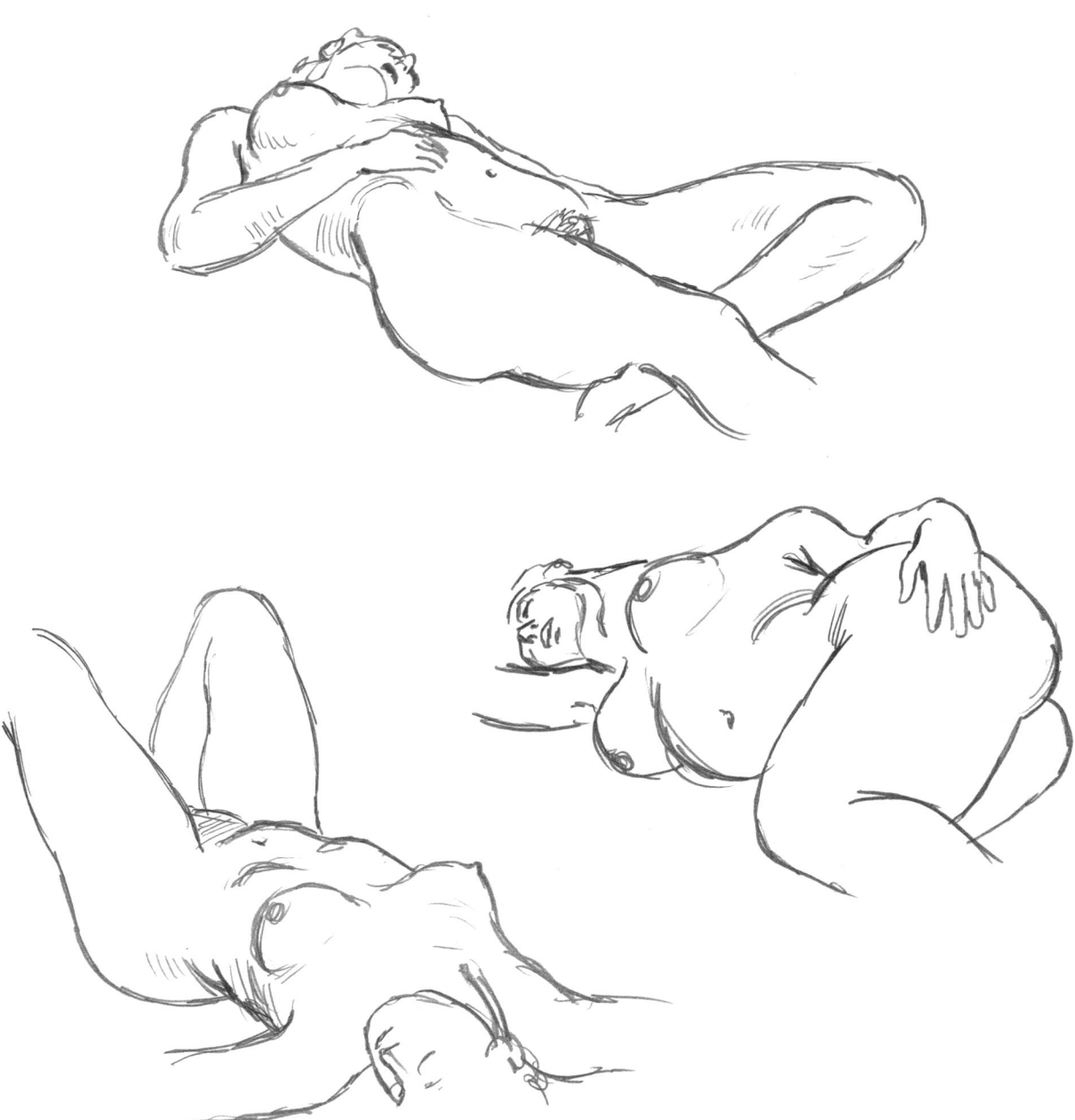

TRABAJOS DE GRANDES MAESTROS

Henri Matisse (1869-1954)

Incluso sin la ayuda de colores vivos y luminosos, Matisse era capaz de aportarles a sus dibujos una gran sensualidad. Estas líneas son maravillosamente sencillas pero muy gráficas gracias a su fluidez. No hay ninguna marca externa que difumine la imagen ni confunda al ojo.

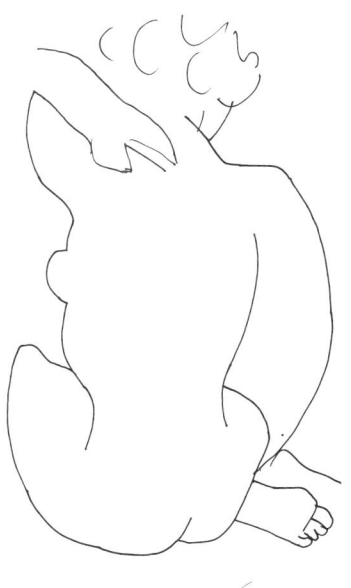

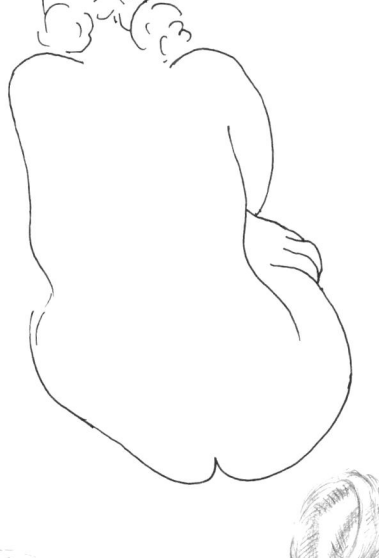

Miguel Ángel (Michelangelo Buonarroti) (1475-1564)

Este dibujo tan exacto, con un cuidadoso *sfumato* con carboncillo negro, aporta una definición clara de la disposición de los músculos bajo la piel. El profundo conocimiento de Michelangelo de anatomía le permitía producir un efecto casi táctil, casi tridimensional, en sus dibujos. Muestra con claridad que en el cuerpo humano hay sencillamente unas ligeras hondonadas entre montículos de músculos. Vale la pena que cualquier estudiante de dibujo con modelos reales observe a los grandes maestros para intentar darles mayor realismo a sus figuras.

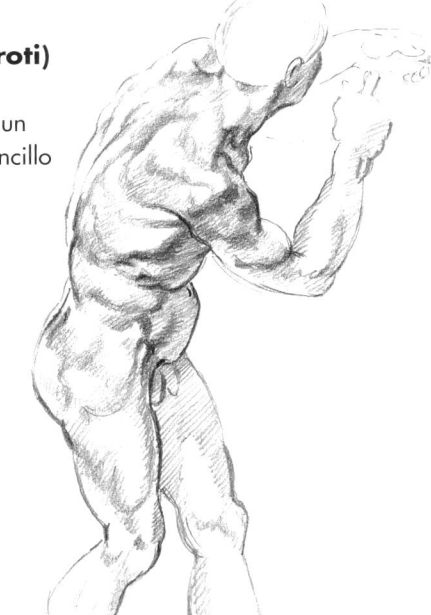

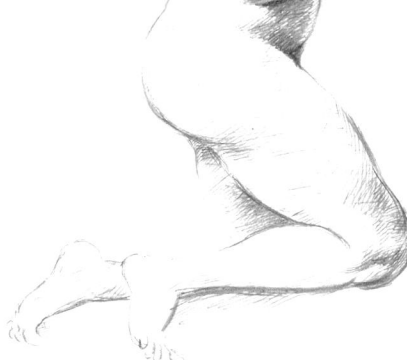

Rafael (Raffaelo Sanzio) (1483-1520)

La perfección de los dibujos de Rafael y sus exquisitas y suaves líneas muestran un gran dominio como dibujante.

LAS PIERNAS

Estudiar la anatomía de las extremidades nunca es un ejercicio en vano: cuanto más podamos entender los músculos y los huesos que hay tras la piel, mejor dibujaremos. Al igual que los brazos (véanse las páginas 26-27), las piernas están envueltas por músculos que les conceden flexibilidad. Sin embargo, debido a la fuerza que necesitan hacer las piernas para sostener el peso corporal, los músculos de esta zona suelen ser más largos y más grandes.

MÚSCULOS SUPERIORES
DE LA PIERNA VISTOS DE FRENTE

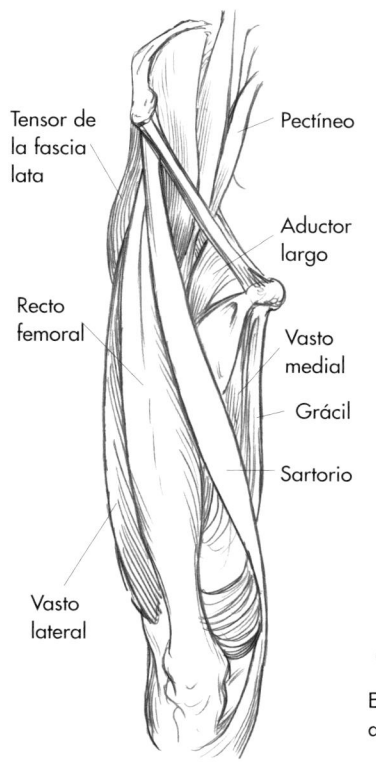

Tensor de
la fascia
lata

Pectíneo

Aductor
largo

Recto
femoral

Vasto
medial

Grácil

Sartorio

Vasto
lateral

MÚSCULOS SUPERIORES
DE LA PIERNA VISTOS
DESDE ATRÁS

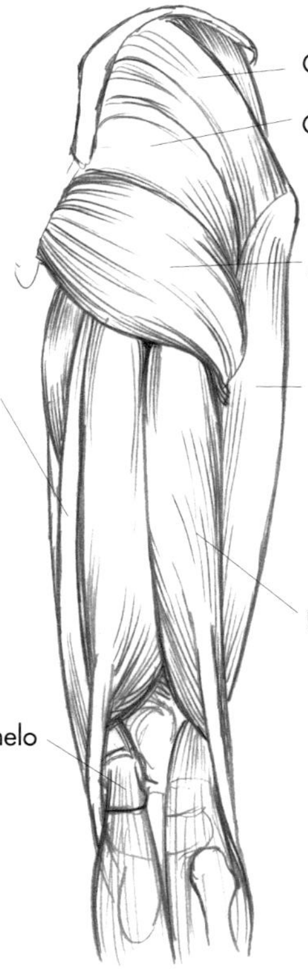

Glúteo medio

Glúteo máximo

Aductor mayor

Vasto
lateral

Semitendinoso

Bíceps femoral

Gemelo

HUESOS SUPERIORES
DE LA PIERNA

Cresta ilíaca

Espina ilíaca
antero-superior

Espina ilíaca
antero-inferior

Cuello
del fémur

Cabeza
del fémur

Isquion

Rodete
acetabular

Diáfisis del fémur

Rótula

Cabeza del peroné

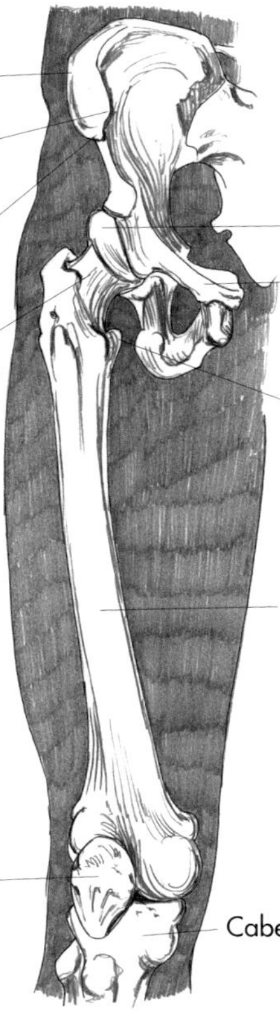

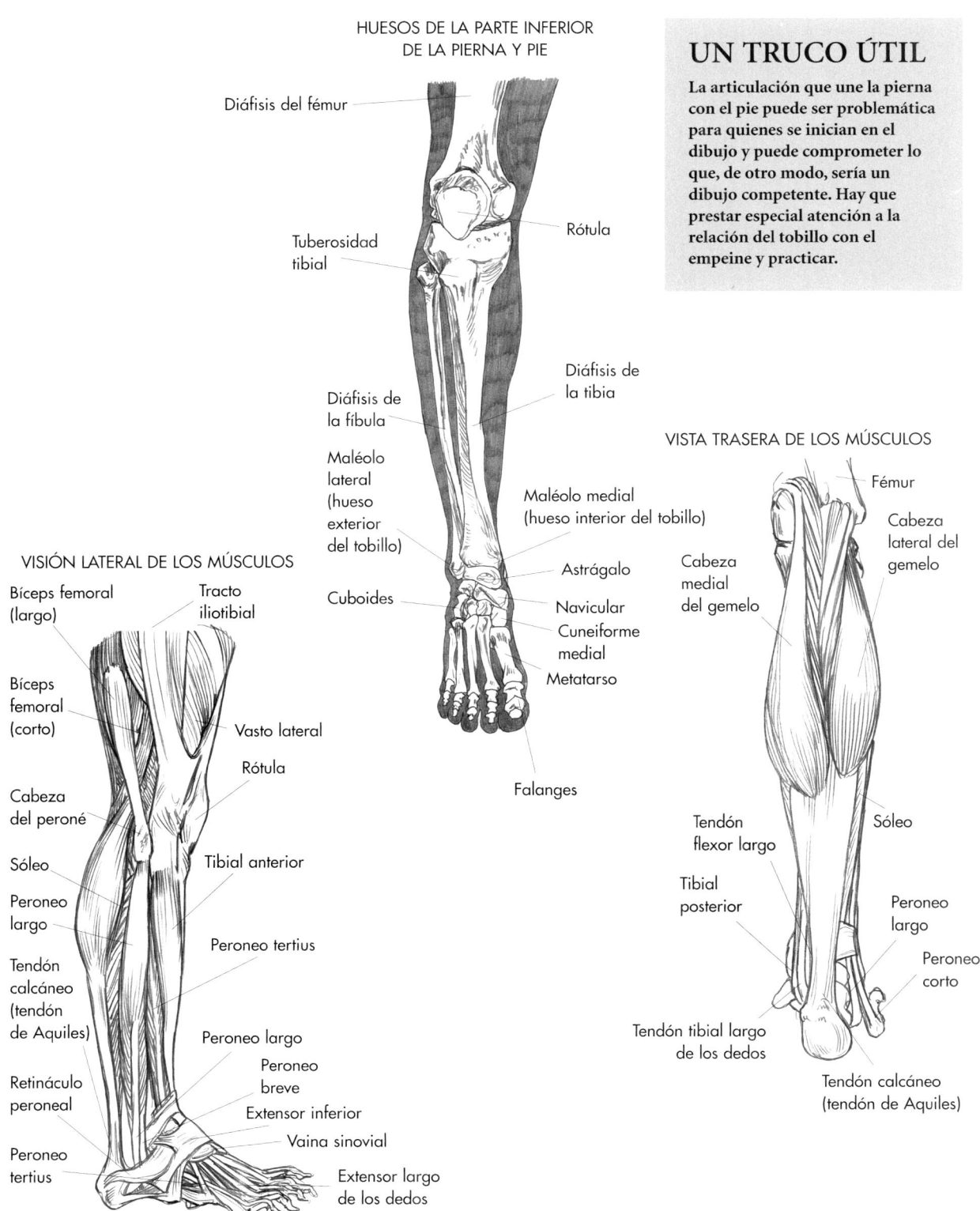

HUESOS DE LA PARTE INFERIOR
DE LA PIERNA Y PIE

Diáfisis del fémur

Rótula

Tuberosidad tibial

Diáfisis de la tibia

Diáfisis de la fíbula

Maléolo lateral (hueso exterior del tobillo)

Maléolo medial (hueso interior del tobillo)

Astrágalo

Cuboides

Navicular

Cuneiforme medial

Metatarso

Falanges

UN TRUCO ÚTIL

La articulación que une la pierna con el pie puede ser problemática para quienes se inician en el dibujo y puede comprometer lo que, de otro modo, sería un dibujo competente. Hay que prestar especial atención a la relación del tobillo con el empeine y practicar.

VISTA TRASERA DE LOS MÚSCULOS

Fémur

Cabeza lateral del gemelo

Cabeza medial del gemelo

Tendón flexor largo

Sóleo

Tibial posterior

Peroneo largo

Peroneo corto

Tendón tibial largo de los dedos

Tendón calcáneo (tendón de Aquiles)

VISIÓN LATERAL DE LOS MÚSCULOS

Bíceps femoral (largo)

Tracto iliotibial

Bíceps femoral (corto)

Vasto lateral

Rótula

Cabeza del peroné

Tibial anterior

Sóleo

Peroneo largo

Peroneo tertius

Tendón calcáneo (tendón de Aquiles)

Peroneo largo

Peroneo breve

Retináculo peroneal

Extensor inferior

Vaina sinovial

Peroneo tertius

Extensor largo de los dedos

Vista lateral completa

De lado, verás que los músculos del muslo y de la pantorilla se ven con mayor claridad, el muslo hacia la parte frontal de la pierna y la pantorilla hacia atrás.

Los grandes tendones se advierten principalmente en la parte trasera de las rodillas y entorno al tobillo. Hay que advertir los cambios de la forma de la rótula según la pierna esté estirada o doblada.

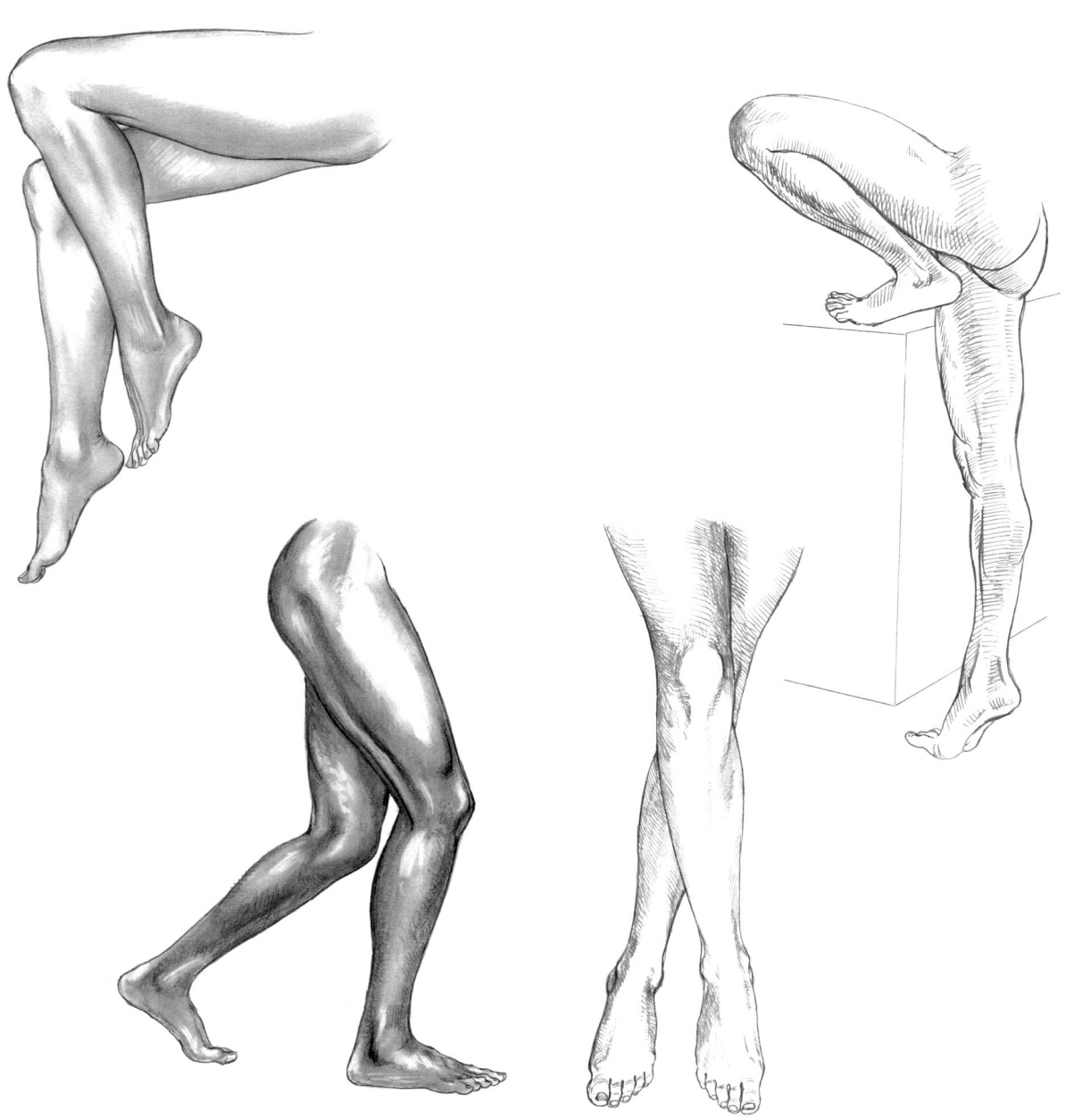

Vista trasera completa

La visión por detrás de las piernas muestra el interesante reverso de la rodilla y presenta formas muy redondeadas y suaves, sobre todo en las mujeres.

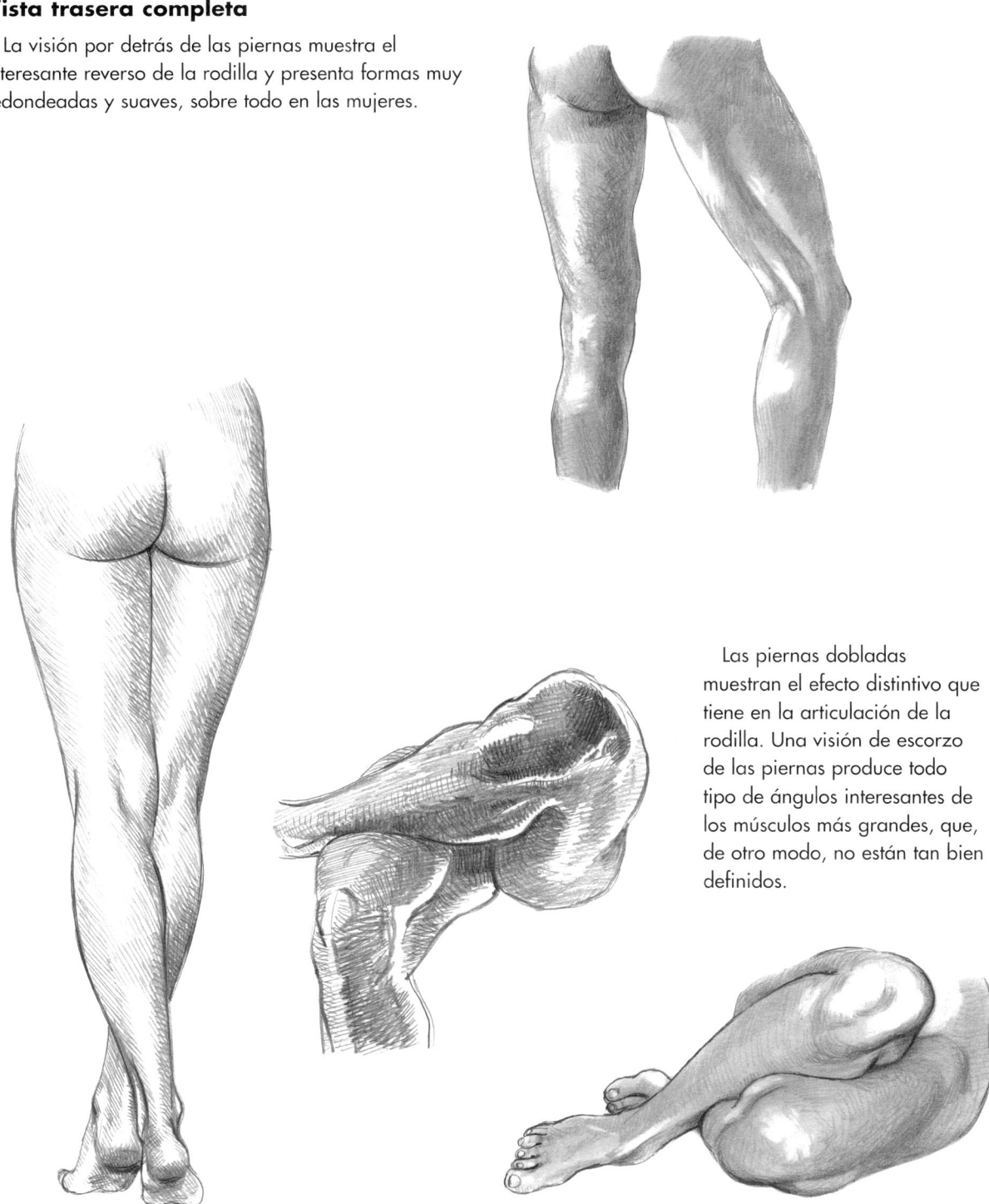

Las piernas dobladas muestran el efecto distintivo que tiene en la articulación de la rodilla. Una visión de escorzo de las piernas produce todo tipo de ángulos interesantes de los músculos más grandes, que, de otro modo, no están tan bien definidos.

LOS BRAZOS

La estrechez de la articulación hace que la musculatura se advierta mucho más que en el torso. Por eso se ven con nitidez los hombros, el codo, la muñeca e incluso el extremo de la estructura del esqueleto. Esta tendencia de estructura ósea y muscular disminuye a medida que se va alejando del centro del cuerpo, algo de lo que tenemos que ser conscientes en nuestros dibujos. Como siempre, es cuestión de observar atentamente y de dibujar lo que tenemos delante.

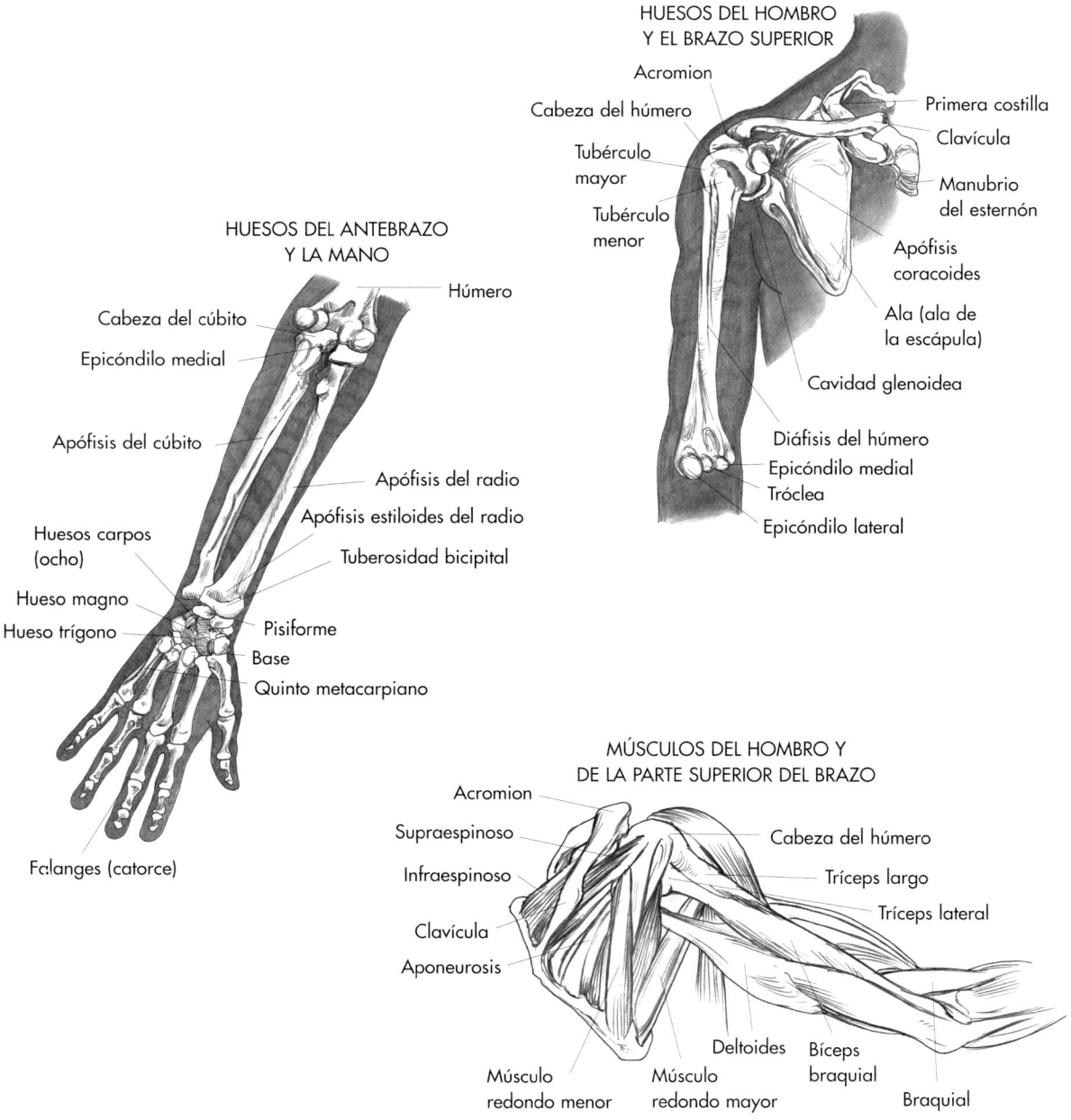

HUESOS DEL HOMBRO
Y EL BRAZO SUPERIOR

Acromion
Cabeza del húmero
Tubérculo mayor
Tubérculo menor
Primera costilla
Clavícula
Manubrio del esternón
Apófisis coracoides
Ala (ala de la escápula)
Cavidad glenoidea
Diáfisis del húmero
Epicóndilo medial
Tróclea
Epicóndilo lateral

HUESOS DEL ANTEBRAZO
Y LA MANO

Húmero
Cabeza del cúbito
Epicóndilo medial
Apófisis del cúbito
Apófisis del radio
Apófisis estiloides del radio
Tuberosidad bicipital
Huesos carpos (ocho)
Hueso magno
Hueso trígono
Pisiforme
Base
Quinto metacarpiano
Falanges (catorce)

MÚSCULOS DEL HOMBRO Y
DE LA PARTE SUPERIOR DEL BRAZO

Acromion
Supraespinoso
Infraespinoso
Clavícula
Aponeurosis
Cabeza del húmero
Tríceps largo
Tríceps lateral
Músculo redondo menor
Músculo redondo mayor
Deltoides
Bíceps braquial
Braquial

MÚSCULOS DEL ANTEBRAZO
Y LA MANO

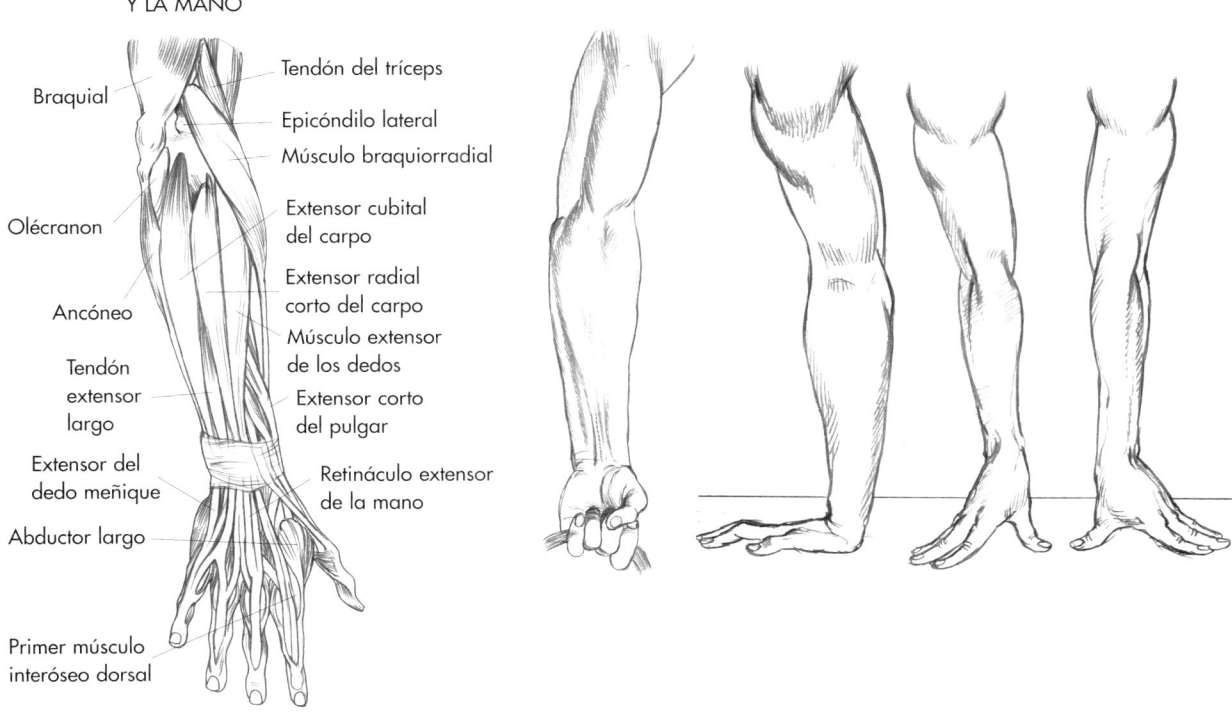

Braquial

Tendón del tríceps

Epicóndilo lateral

Músculo braquiorradial

Olécranon

Extensor cubital
del carpo

Extensor radial
corto del carpo

Ancóneo

Músculo extensor
de los dedos

Tendón
extensor
largo

Extensor corto
del pulgar

Extensor del
dedo meñique

Retináculo extensor
de la mano

Abductor largo

Primer músculo
interóseo dorsal

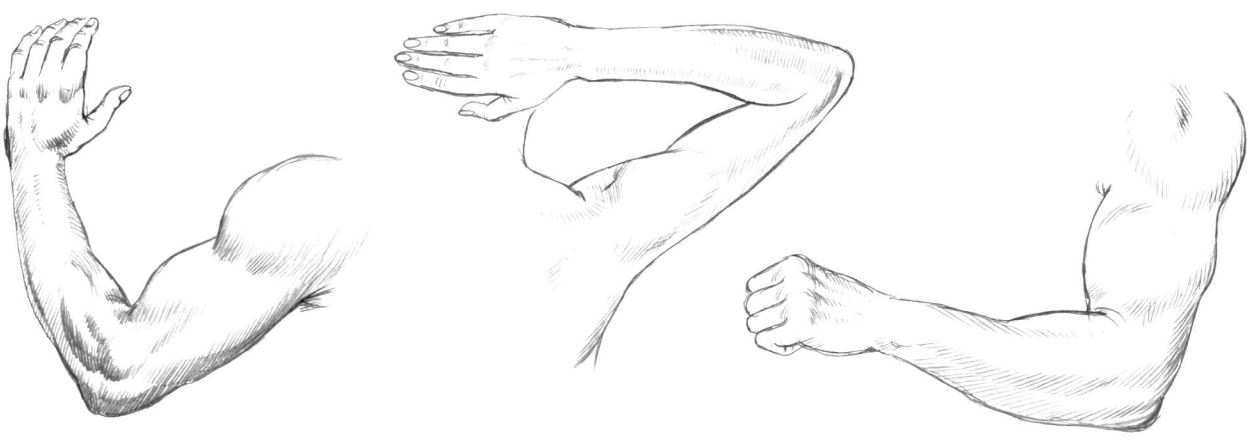

En estos ejemplos, hay que tener en cuenta que cuando el brazo está bajo tensión en el acto de coger un objeto o llevar peso, los músculos sobresalen más y los tendones se ven con claridad en la parte interior de la muñeca. Cuando el brazo está flexionado, los músculos mayores de la parte superior del brazo también se muestran con mayor nitidez y los músculos de los hombros así como los omoplatos se ven con mayor definición.

LAS MANOS

A muchas personas les resulta especialmente difícil dibujar las manos. La ventaja es que no nos faltará nunca un modelo ya que siempre nos queda una mano libre con la que practicar y con la que estudiar desde múltiples ángulos. La disposición de los dedos y el pulgar en un puño o en una mano abierta en la que los dedos están relajados tiene una forma muy distinta, así que vale la pena dibujarlas con constancia para ver qué aspecto tienen. Aquí es inevitable hacer un escorzo en la palma y los dedos cuando la mano tenga un ángulo que mire hacia nosotros o esté alejado.

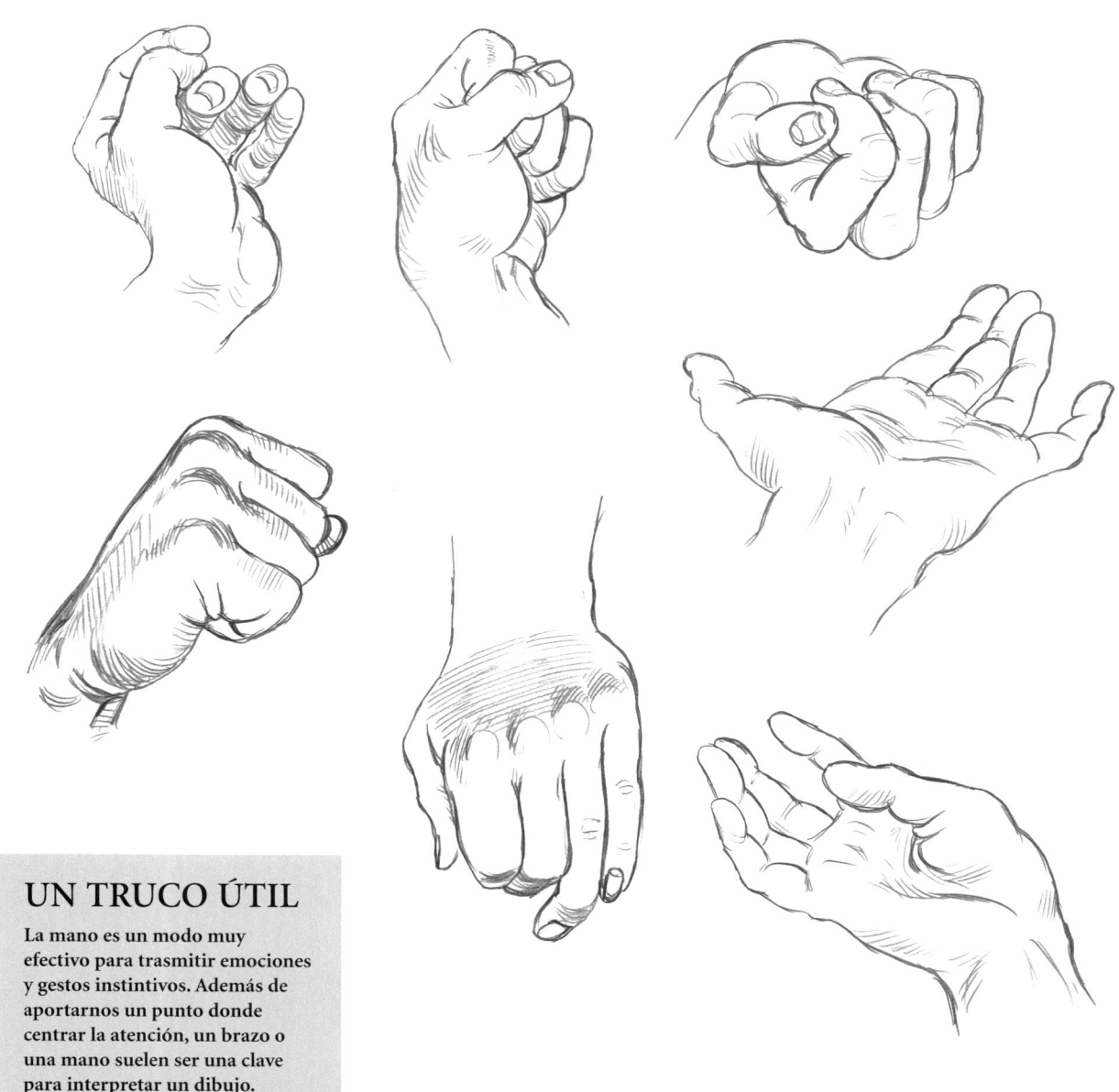

UN TRUCO ÚTIL

La mano es un modo muy efectivo para trasmitir emociones y gestos instintivos. Además de aportarnos un punto donde centrar la atención, un brazo o una mano suelen ser una clave para interpretar un dibujo.

LOS PIES

Los pies no son una parte del cuerpo con la que estemos tan familiarizados como los brazos o las manos, ya que la gente suele llevar zapatos cuando camina en público. La estructura ósea del pie es bastante elegante, de forma que produce un sutil arco sobre el cual se estiran músculos y tendones.

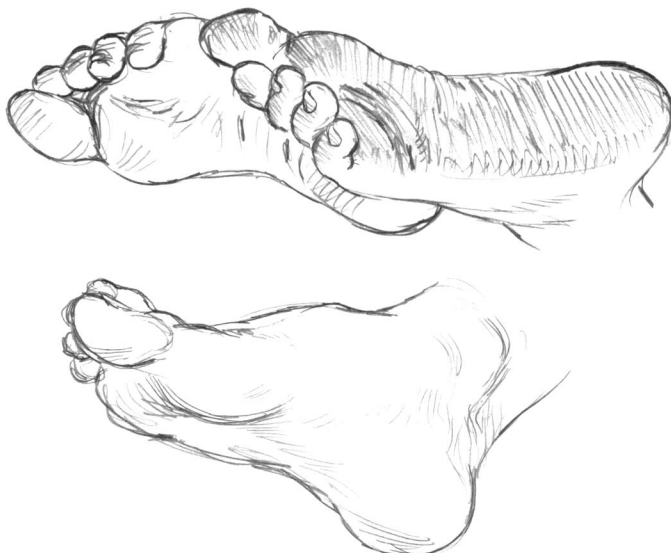

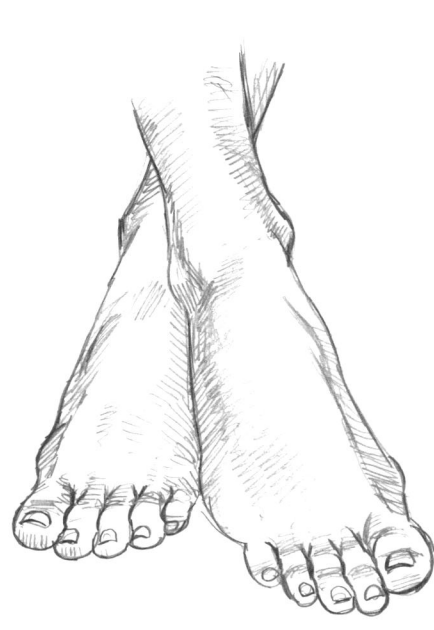

La planta del pie está rodeada de una piel más gruesa pese a ser por debajo blanda.

La parte interior del tobillo está más alta que la parte exterior, lo que ayuda a aportarle elegancia a esta articulación. Si la diferencia en la posición de los huesos del tobillo no se percibe entonces adopta una forma torpe.

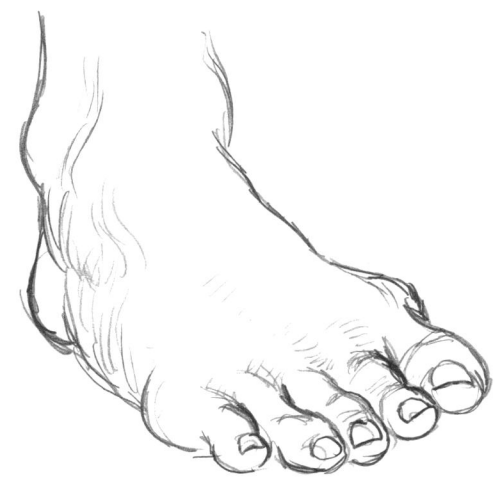

Los dedos del pie, a diferencia de los de la mano, suelen estar más o menos alineados aunque los dedos pequeños suelen ser mucho más redondeados y pequeños.

LA CABEZA

La cabeza queda definida principalmente por la forma del cráneo rodeada de una fina capa de músculo y, en menor medida, por los globos oculares. Las grupos de músculos planos que rodean el cráneo producen todas nuestras expresiones faciales, así que es útil tener cierta idea de su posición y sus funciones, sobre todo si queremos pintar retratos.

VISTA FRONTAL (HUESOS DEL CRÁNEO)

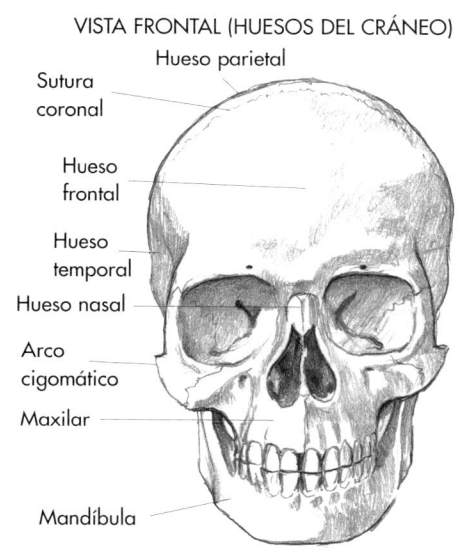

Hueso parietal
Sutura coronal
Hueso frontal
Hueso temporal
Hueso nasal
Arco cigomático
Maxilar
Mandíbula

VISTA LATERAL (HUESOS DEL CRÁNEO)

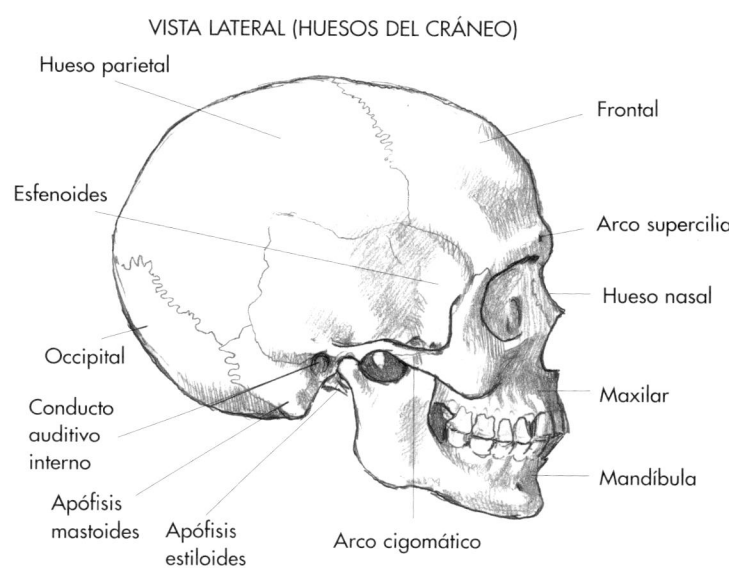

Hueso parietal
Frontal
Esfenoides
Arco superciliar
Hueso nasal
Occipital
Maxilar
Conducto auditivo interno
Mandíbula
Apófisis mastoides
Apófisis estiloides
Arco cigomático

VISTA FRONTAL (MÚSCULOS)

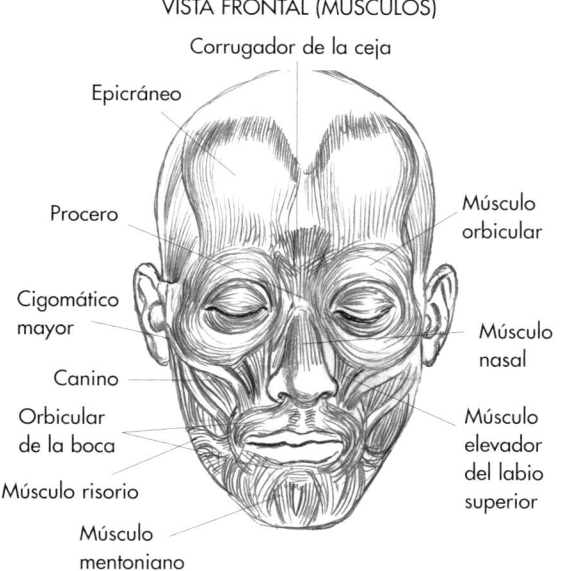

Corrugador de la ceja
Epicráneo
Procero
Cigomático mayor
Canino
Orbicular de la boca
Músculo risorio
Músculo mentoniano
Músculo orbicular
Músculo nasal
Músculo elevador del labio superior

VISTA LATERAL (MÚSCULOS)

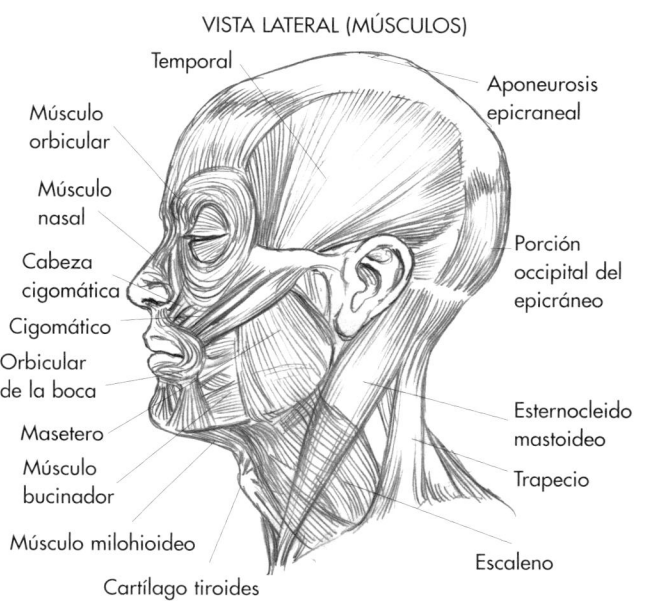

Temporal
Aponeurosis epicraneal
Músculo orbicular
Músculo nasal
Cabeza cigomática
Cigomático
Orbicular de la boca
Masetero
Músculo bucinador
Músculo milohioideo
Cartílago tiroides
Porción occipital del epicráneo
Esternocleido mastoideo
Trapecio
Escaleno

La cabeza desde distintos ángulos

Aquí he dibujado la cabeza desde gran variedad de ángulos. En general no he reproducido detalles en la cara, sino que me he limitado a dibujar la estructura básica de la cabeza vista desde arriba, desde abajo y desde un lateral. Observa cómo la línea de los ojos y la boca se curvan según la forma de la cabeza. Cuando se ve desde un ángulo bajo, la curva de las cejas cobra relevancia, así como las mejillas.

A veces la nariz se ve solo como un pequeño punto que sobresale de la forma de la cabeza, sobre todo vista desde abajo. Ahora bien, cuando se ve desde arriba, la barbilla y la boca casi desaparecen, mientras que la nariz es predominante. Desde arriba el pelo cubre casi toda la cabeza, mientras que cuando miramos desde abajo solo se advierte a los lados.

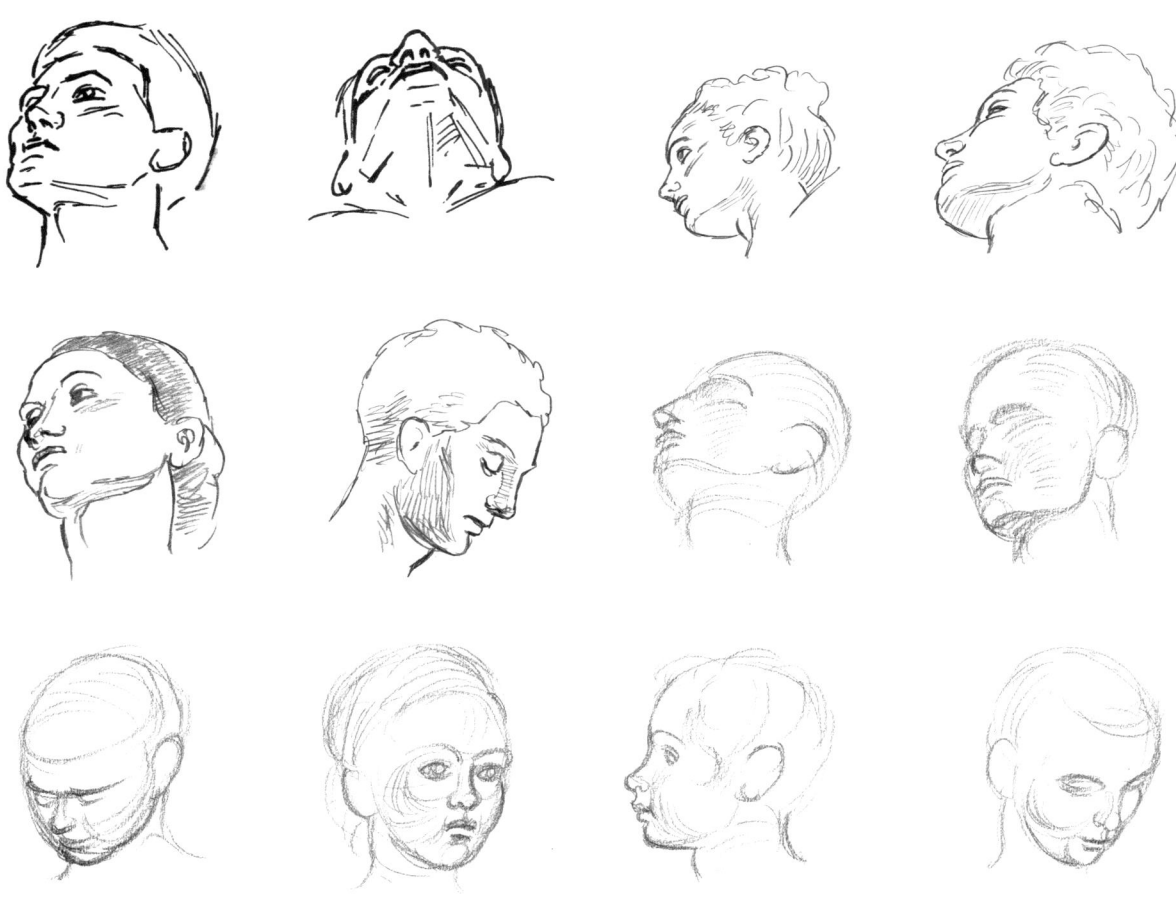

Estas formas son muy simplificadas pero describen muy bien los rasgos y parecen bastante realistas. Los distintos puntos de vista de la cabeza son útiles para darnos una idea más clara de cómo se forma. Conviene practicar y dibujar partes de la cabeza

desde múltiples ángulos para ir captando las formas y para dibujar con la mayor precisión posible lo que estamos viendo. Enseguida veremos que nuestros esfuerzos se recompensan con creces.

DIFERENTES PROPORCIONES

Todo el mundo no tiene el mismo cuerpo ni se adapta a las proporciones ideales clásicas. Una vez se ha completado el crecimiento del cuerpo las proporciones básicas difieren muy poco en altura pero la forma y la anchura del cuerpo pueden ser muy divergentes.

En líneas generales, podríamos distinguir entre cuerpos delgados y gruesos. Hay gente que va sumando kilos al ir creciendo y otra que parece que los pierde también con la misma radicalidad. Los ejemplos que mostramos a continuación son de dos personas con la misma altura y proporción vertical pero con anchuras muy distintas.

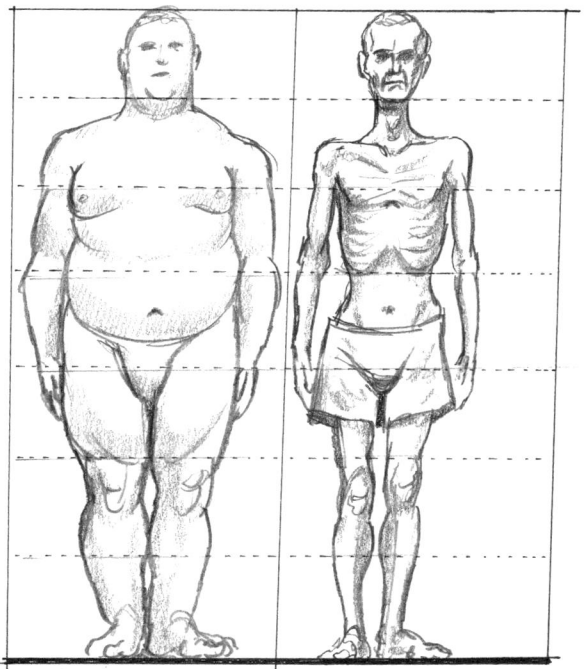
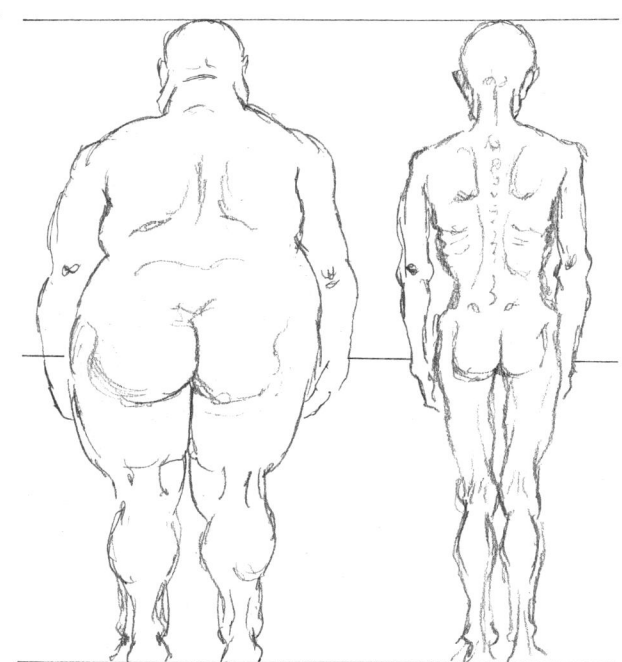

La mayor parte de la grasa extra se concentra en la zona central del cuerpo: en la cintura y en las partes superiores de las piernas y los brazos. En el otro extremo, cuando alguien está por debajo del peso normal, la estructura humana se reduce a un tipo muy exiguo y esquelético. La anchura del torso y las extremidades la dicta la estructura ósea.

Vistos desde detrás la diferencia en anchura es aún más extrema, ya que vemos que uno es mucho más ancho en el centro mientras que la figura más esquelética tiene su punto más ancho en los hombros. Es interesante advertir estas diferencias corporales, aunque lo normal es que las personas no caigan en estos extremos.

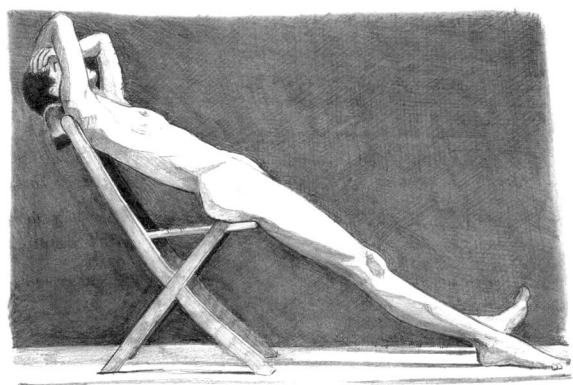

Esta copia de un dibujo de Euan Uglow retrata unas proporciones extremadamente delgadas de la modelo para enfatizar la dramática diagonal que empuja con fuerza hacia abajo, solo rota por el pie levantado en el extremo inferior derecho de la composición.

UN TRUCO ÚTIL

Los principiantes suelen dibujar el aspecto que creen que debería tener la gente e incluso dejan de lado peculiaridades de los modelos para que encajen en sus preconcepciones. A menudo adelgazan a una modelo entrada en carnes o engordan un poco a una que sea muy delgada. El resultado no es real ni preciso y deberá irse eliminando poco a poco.

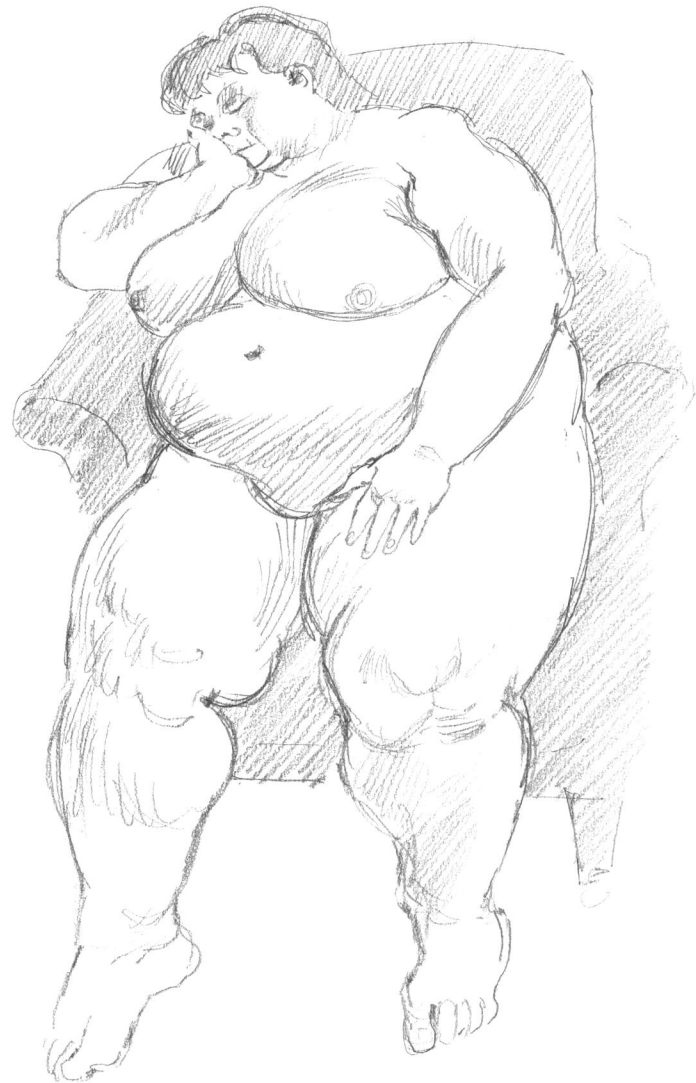

Este dibujo, basado en una pintura de Lucian Freud, retrata a una mujer gruesa con grandes pechos y barriga, con unos muslos y brazos rollizos. Está sentada, de manera que no es fácil ver todas las proporciones.

33

LA VEJEZ

La clave para dibujar el proceso de envejecimiento del ser humano es describir su impacto en la pose general y el volumen y el tono muscular reducido a medida que la gravedad y la falta de elasticidad van tomando el relevo. Todos estos factores hacen que sea más difícil dibujar a modelos mayores que a jóvenes. Las líneas y facciones están más marcadas. A continuación mostramos algunos ejemplos de personas mayores con distintos grados de fragilidad y peso.

El perfil de esta mujer mayor revela una figura chepada, en la que las prendas caen ampliamente sobre su estructura.

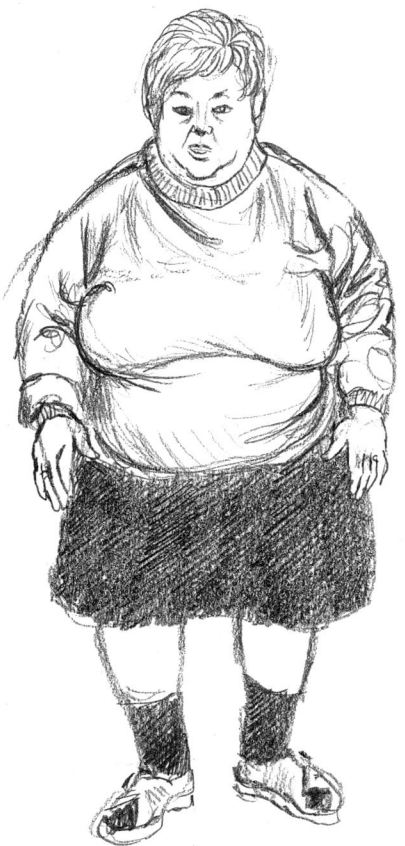

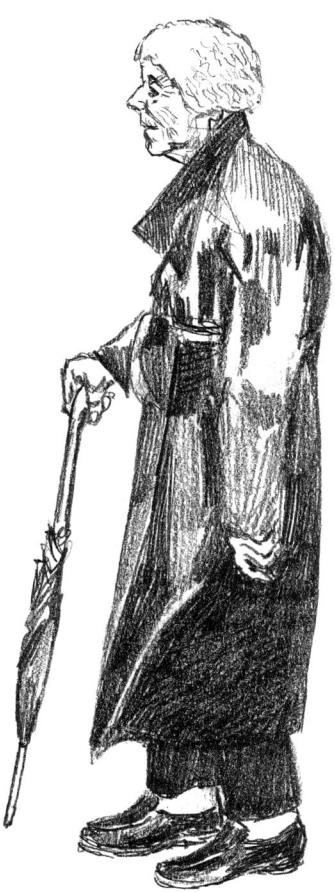

En gente con sobrepeso la anchura del torso hace que tengan un aspecto circular.

La piel que cuelga en exceso en la gente mayor nos da más indicaciones sobre su edad, más que su peso, y es un rasgo natural del proceso de envejecimiento.

Este hombre (abajo) está bastante
entrado en carnes, pero se cubre
con una bata ancha. Sin embargo,
el cuello y la anchura del cinturón
que le rodea la cintura nos dan
pistas sobre sus formas.

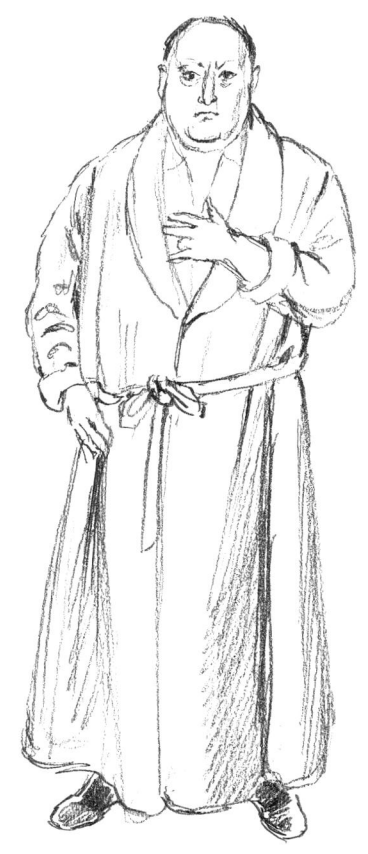

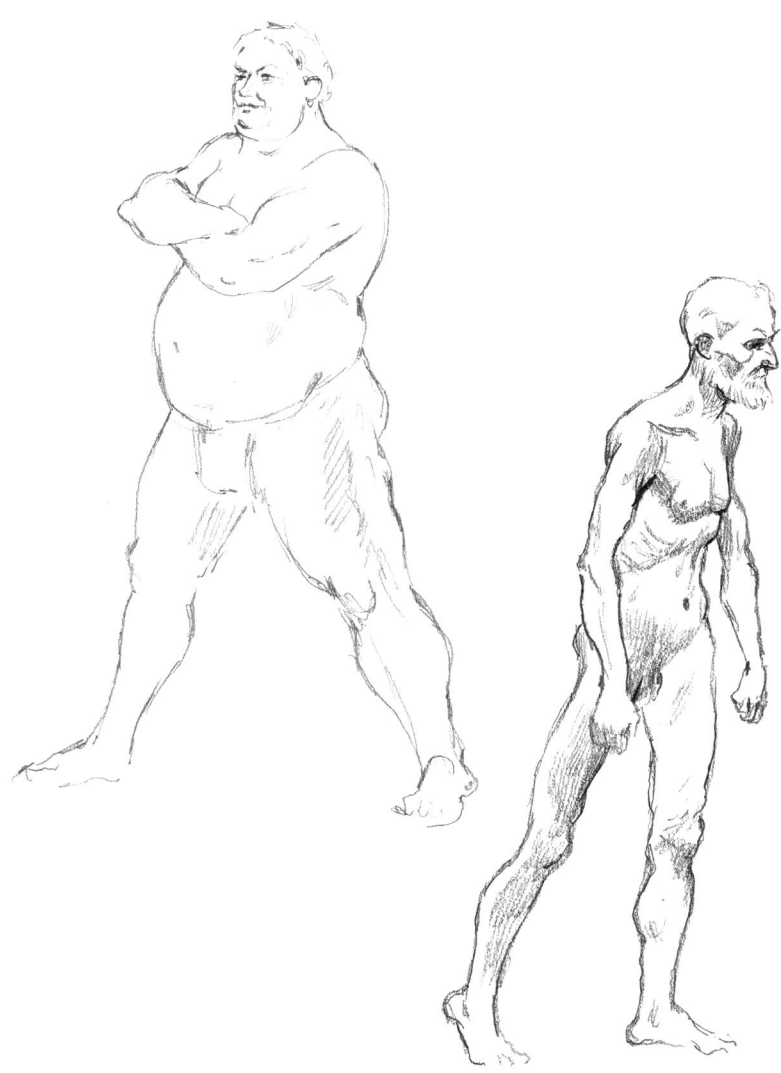

Las dos figuras de arriba se basan en las esculturas de Balzac realizadas
por Rodin en una edad mediana (centro) y una edad avanzada (derecha).
El hombre mayor está bastante delgado, con unos músculos que sobresalen
de forma fibrosa en los brazos y piernas. La caja torácica se puede ver a
la perfección. En cambio, en la figura de mediana edad, unos poderosos
muslos sostienen los anchos hombros y la prominente barriga.

DIFERENTES ENFOQUES

Una vez te sientas cómodo dibujando la figura humana, podrás hacerlo desde cualquier enfoque.
Aquí te mostramos algunos que se salen de lo común.

Expresar volumen

Mostrar el volumen de la figura hará que tus dibujos sean sólidos y convincentes. Puedes hacer que una figura pequeña parezca más gruesa dividiéndola en bloques, una técnica que utilizan los artistas cuando el dibujo después va a ser pintado ya que da muchas indicaciones sobre cómo deberían pintarse las zonas de tono y color.

Dibuja líneas de contorno que serpenteen por las curvas de las extremidades y el torso, cambiando de dirección dependiendo de la proyección o formas del cuerpo. Se trata de otra forma de darle un efecto de redondez y volumen. Es una práctica que vale la pena probar como mínimo una vez para entender cómo se expresan las formas que se dibujan.

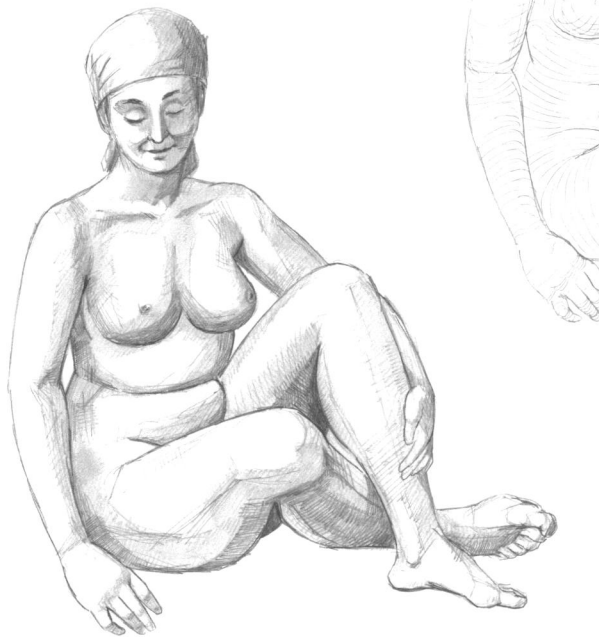

Después de dibujar con unas líneas muy sencillas la figura, la forma se muestra mediante una serie de bloques que marcan las zonas de tono, trazando las líneas en distintas direcciones. Se puede ver que se produce un efecto como si la figura hubiese sido tallada en piedra.

Otro enfoque es delinear las distintas superficies dibujando marcas similares a los relieves que nos quedarían en una escultura de madera. Así se consigue una impresión muy real de un cuerpo sólido que ocupa un espacio.

Trabajar a gran velocidad

Otra práctica que siempre resulta útil para dibujar modelos reales es trazar con extrema rapidez para captar la realidad con solo unas cuantas líneas fluidas. Muchos tutores de clases de pintura fomentan esta práctica ya que les enseña a los estudiantes a buscar las líneas esenciales de la pose. Practica con una docena de dibujos con un modelo, variando las poses durante solo uno o dos minutos y manteniendo las líneas a la mínima expresión. Tendrás que trabajar con tanta rapidez que no tendrás tiempo para corregir errores.

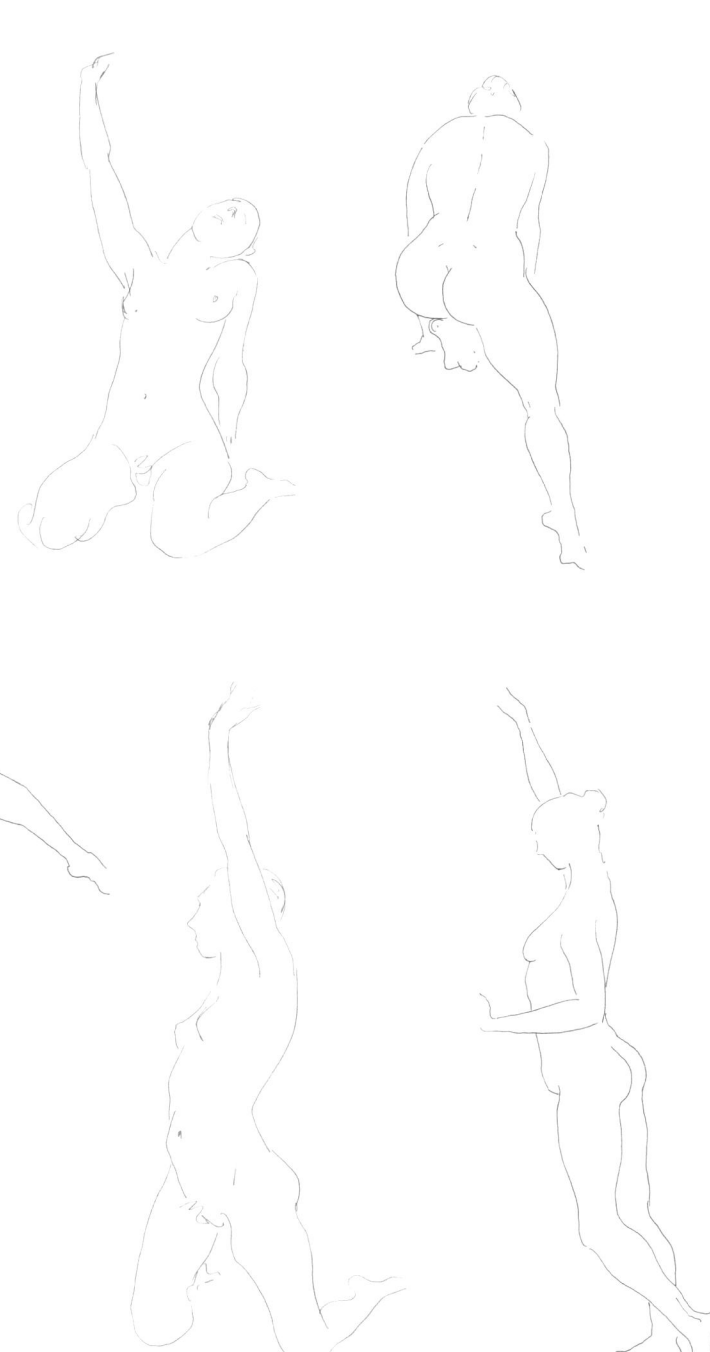

COMPOSICIÓN Y POSES

   Cuando se empieza a estudiar el dibujo del cuerpo humano se pone especial hincapié en dibujar al modelo desde una amplia gama de puntos de vista para tener un mayor entendimiento de cómo funciona el cuerpo humano. La información y la experiencia que se va adquiriendo son de gran ayuda para el desarrollo de las técnicas artísticas necesarias para dibujar el cuerpo humano.

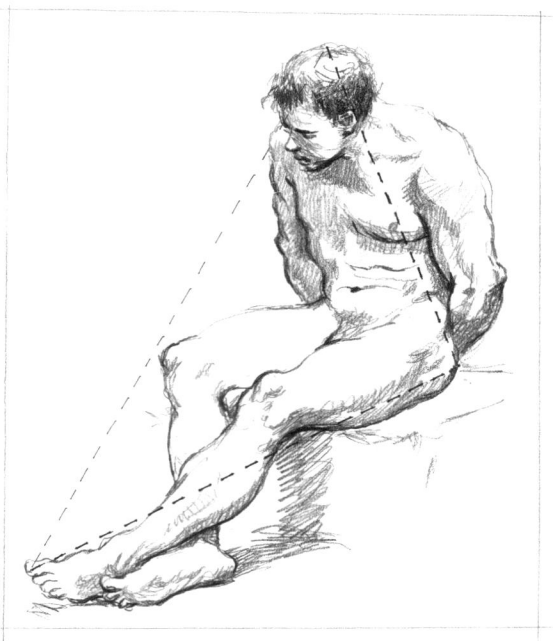

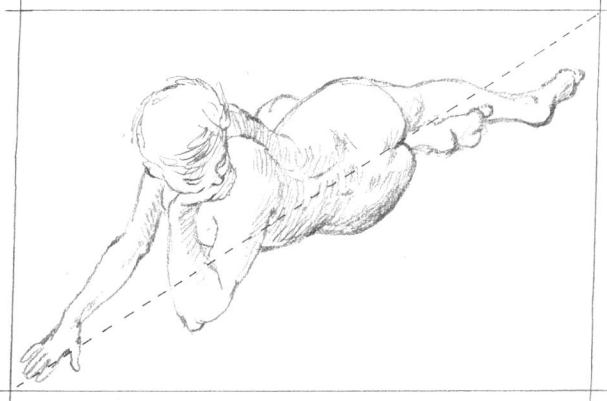

   Aquí los límites del cuerpo están situados de modo que la figura parece que se estira desde la esquina superior derecha hasta la esquina inferior izquierda. El centro del dibujo lo conforman el torso y las caderas y la figura se muestra equilibrada entre las partes superiores e inferiores de la línea diagonal. Verás que muchas veces los espacios que dejan las figuras son los que ayudan a definir la dinámica del dibujo y a crear dramatismo e interés.

   Este hombre sentado con las manos por detrás, en la espalda, que está basado en un dibujo realizado por Natoire y expuesto en el Louvre, conforma un triángulo alargado. Gran parte del cuerpo se sitúa entre los lados del triángulo y, puesto que el énfasis está situado en las piernas estiradas hacia el extremo inferior izquierdo de la composición, se construye una fuerte dinámica que sugiere que está bajo algún tipo de coacción, lo que nos lleva a pensar que quizás sea un prisionero.

UN TRUCO ÚTIL

Buscar sencillas formas geométricas como triángulos y cuadrados ayuda a ver la forma general de la figura y a conseguir una composición cohesiva dentro del formato.

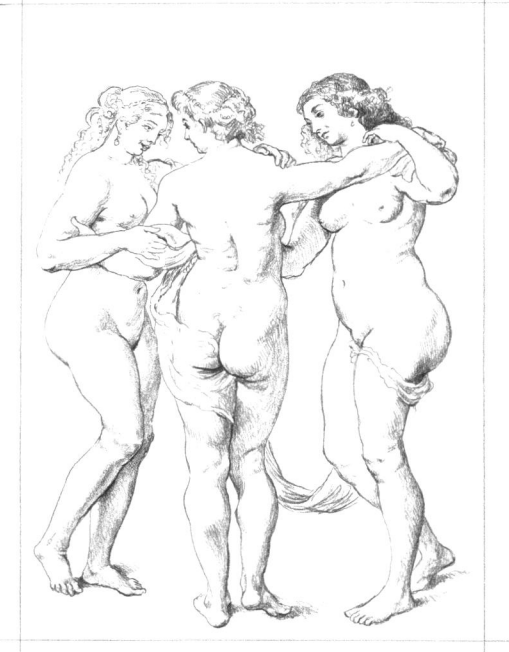

Para aportar un ejemplo de una composición de tres figuras he dibujado las *Tres Gracias* de Peter Paul Rubens, el gran pintor maestro de Flandes. Él puso a sus modelos en el baile tradicional de las Gracias, con las manos entrelazadas. Sus posturas crean una profundidad definida del espacio, con un ritmo en el cuadro al que ayudan las ligerísimas prendas que se utilizan como elemento conector. El fluir de los brazos mientras se abrazan también actúa como movimiento lateral en la composición de manera que aunque sean tres figuras de pie, erguidas, el movimiento en el cuadro es muy evidente. Los espacios entre las mujeres parecen muy bien articulados, sobre todo debido a sus robustas extremidades.

He basado este dibujo en el cuadro de Boticelli *Venus y Marte* que se puede admirar en la National Gallery en Londres. En él vemos la figura reclinada de Marte totalmente entregado a su sueño. Como figura reclinada es uno de los ejemplos más relajados de figura humana.

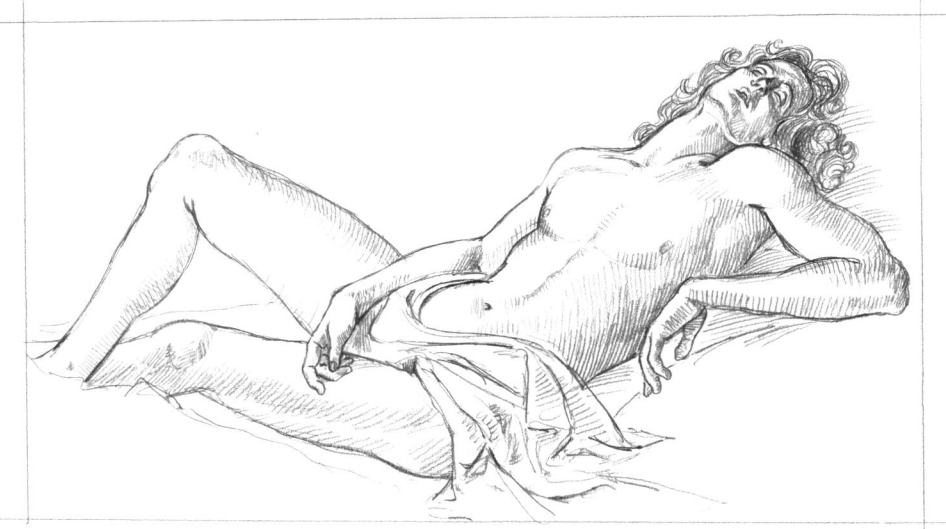

Poses relajadas

Aquí la base de la pose es la relajación, pero sin el dinamismo activo que veremos en la siguiente página. Sin duda, se trata de la pose más sencilla para cualquier modelo, porque la mayoría de la gente puede mantener mucho tiempo una postura cómoda sentada o reclinada. Cuando quieras realizar dibujos más detallados en los que los modelos estén posando mucho tiempo, tendrás que basarte en posiciones más estáticas.

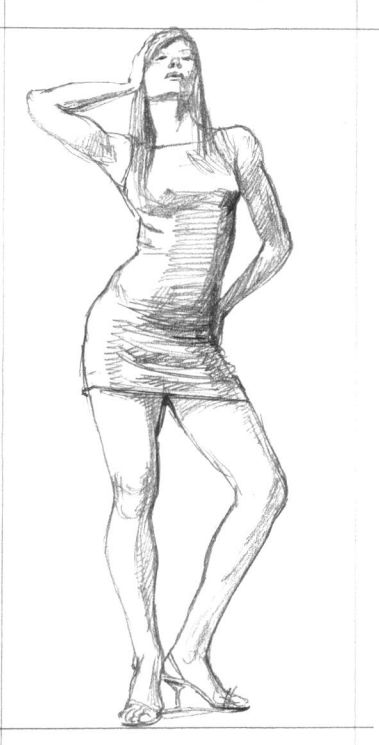

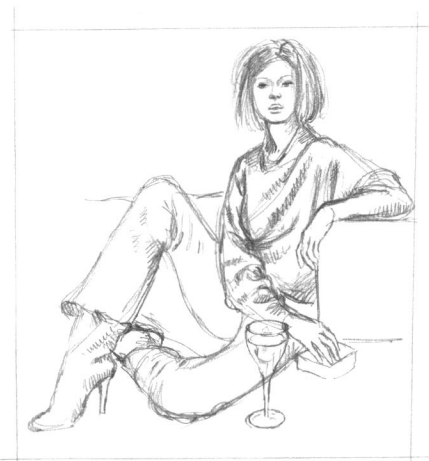

Sentada en el suelo, la chica tiene las piernas cruzadas, una debajo de la otra. Su apariencia es moderna y la copa de vino en el suelo aporta también un aire relajado a esta composición estática. La disposición de las piernas cruzadas y los brazos flexionados alrededor del torso ayudan a otorgarle una apariencia bastante compacta a la disposición.

En una pose clásica, esta modelo está sacando una cadera y tanto los codos como una de las rodillas también se dirigen hacia fuera para marcar fuertes ángulos a lo largo del cuerpo. Aunque somos conscientes de que se trata de una pose estática, tiene movimiento implícito en el angulado y arqueado torso, en la flexión desigual de los brazos (uno apuntando hacia la cabeza y otro a la cadera) y la actitud de la cabeza, los pies y los hombros. En cierto modo parece un movimiento de baile, lo que ayuda a mantener el dinamismo. Realizar el dibujo de cerca también realza la expresión.

Las reuniones sociales al aire libre suelen ser más dinámicas en términos de movimientos corporales y poses. Aquí, un grupo de jóvenes están en una fiesta en un jardín frente a un fondo de árboles y tejados.

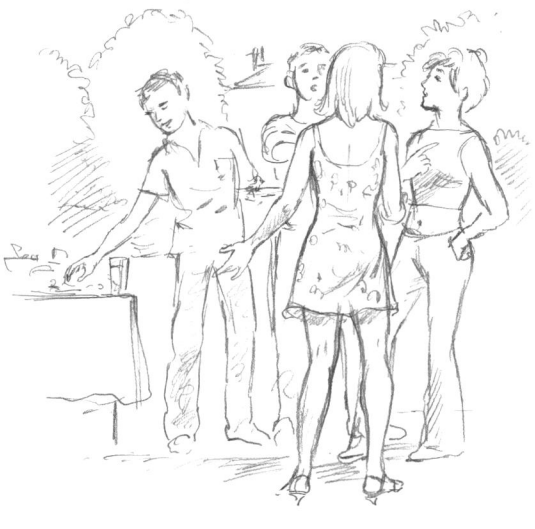

Figuras en movimiento

Las fotografías son de gran ayuda para los artistas que quieren descubrir cómo se relacionan las partes del cuerpo entre sí a medida que el modelo se mueve, pero deberían utilizarse con cautela ya que copiar de una fotografía puede producir resultados estériles. Un artista debería intentar no solo producir un dibujo preciso de las líneas y las formas sino que también debería expresar el sentimiento de la ocasión de un modo que pueda entenderlo el observador. Observa los estilos de descripción que hemos elegido aquí. Estudia fotografías pero estampa tu propio sello como artista en tus dibujos.

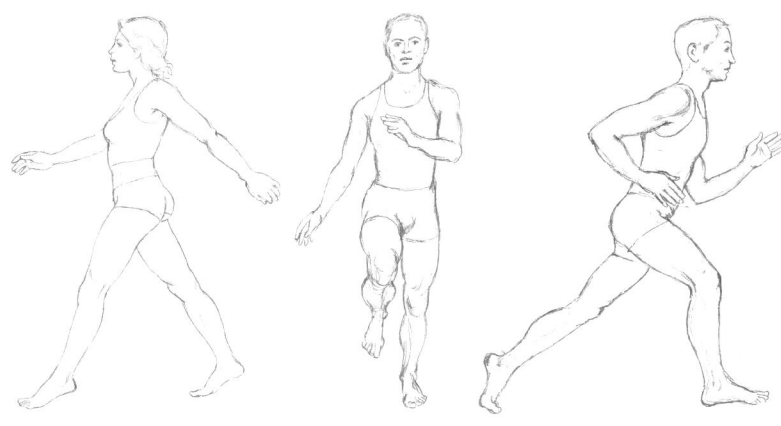

Las figuras que mostramos aquí son bastante precisas y están basadas en fotografías de gente caminando y corriendo. Una fotografía nos ofrece un momento particular en la acción y, puesto que puede dibujarse con líneas precisas, nos aporta el beneficio de una imagen quieta de la que podemos copiar, de modo que el resultado final suele ser bastante formalizado. Eso hace que haya una cierta rigidez en los dibujos que se puede superar con una experiencia más directa.

Este dibujo de un hombre saltando muestra cómo se flexiona al máximo la pierna izquierda mientras que la derecha está extendida. El torso se reclina hacia delante, al igual que la cabeza, y los brazos se levantan por encima de los hombros para ayudar a aumentar la elevación.

La chica que da un salto de ballet muestra cómo estira las piernas al máximo en ambas direcciones, estirando los dedos de los pies y arqueando hacia atrás los brazos extendidos y la cabeza también, creando una típica pose de baile en el aire.

UN TRUCO ÚTIL

Fíjate en cómo pueden realizarse las marcas del lápiz para reflejar la energía y el sentido de urgencia en estos temas.

DIBUJAR A AMIGOS

La mayor dificultad al retratar a amigos es persuadirles para que posen durante un tiempo prolongado. Un modelo profesional está acostumbrado a mantener la pose bastante tiempo, pero para que los amigos hagan lo mismo hay que darles algún aliciente. Aun así no esperes que se queden quietos mucho tiempo (incluso los modelos profesionales descansan entre poses y para alguien que no está acostumbrado puede resultar muy difícil mantener la misma pose durante más de 20 minutos). De cualquier modo, en el tiempo que posen deberías ser capaz de captar la figura en general, aunque no haya muchos detalles, y ganarás mucha experiencia y práctica.

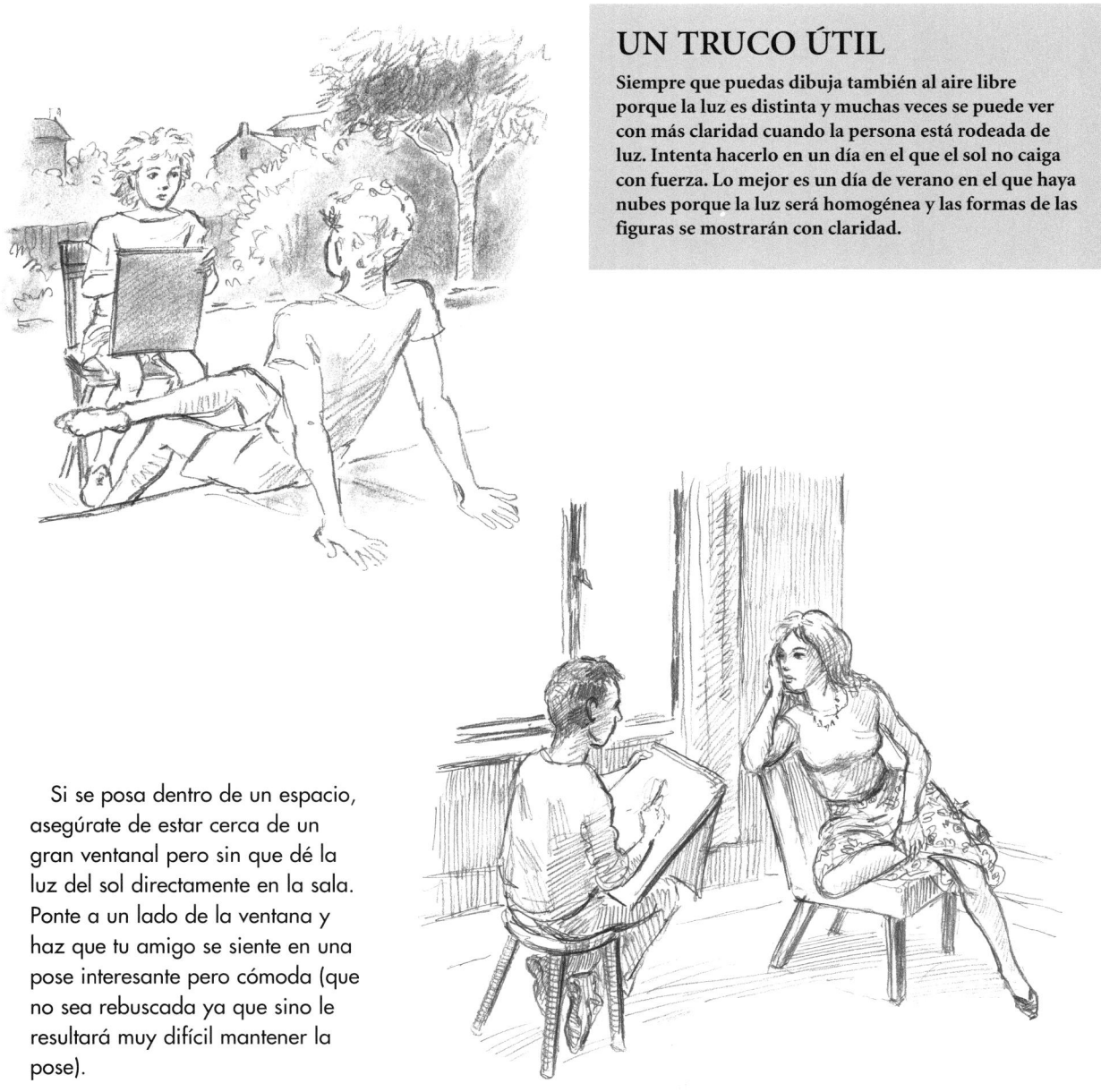

UN TRUCO ÚTIL

Siempre que puedas dibuja también al aire libre porque la luz es distinta y muchas veces se puede ver con más claridad cuando la persona está rodeada de luz. Intenta hacerlo en un día en el que el sol no caiga con fuerza. Lo mejor es un día de verano en el que haya nubes porque la luz será homogénea y las formas de las figuras se mostrarán con claridad.

Si se posa dentro de un espacio, asegúrate de estar cerca de un gran ventanal pero sin que dé la luz del sol directamente en la sala. Ponte a un lado de la ventana y haz que tu amigo se siente en una pose interesante pero cómoda (que no sea rebuscada ya que sino le resultará muy difícil mantener la pose).

Crear el fondo

Dado lo que hemos aprendido en las páginas anteriores, ya podrás intentar hacer dibujos más detallados y composiciones con un fondo. Más abajo podrás ver cómo hemos tomado tres figuras dibujadas por separado y dispuesto en el entorno de un parque.

En las siguientes páginas encontrarás ejemplos de la gran variedad de fondos que han ideado algunos artistas.

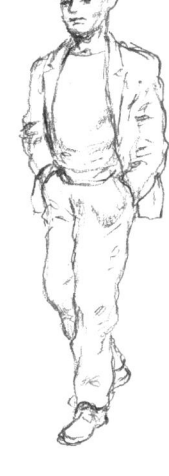

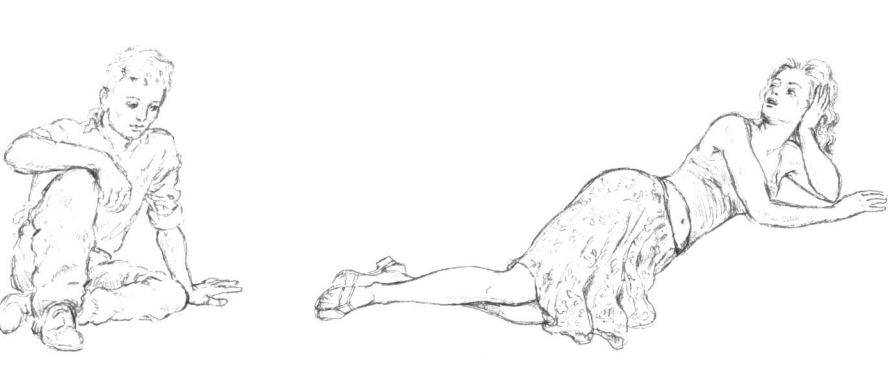

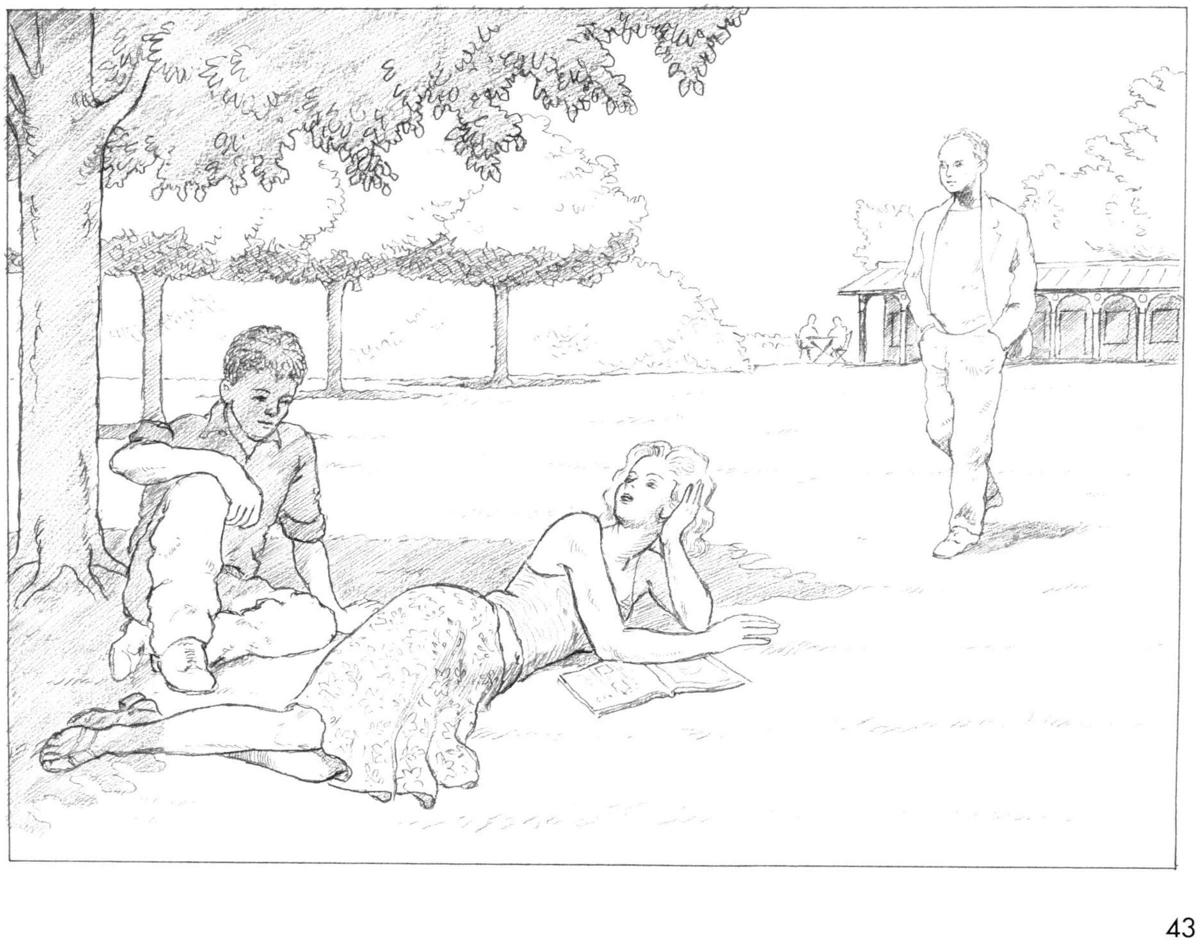

FIGURAS EN INTERIORES Y EXTERIORES

Cuando dibujas composiciones de personas, el fondo tiene que situarse en algún lugar, ya sea un interior o un exterior; si no, las figuras quedarán flotando en el limbo.

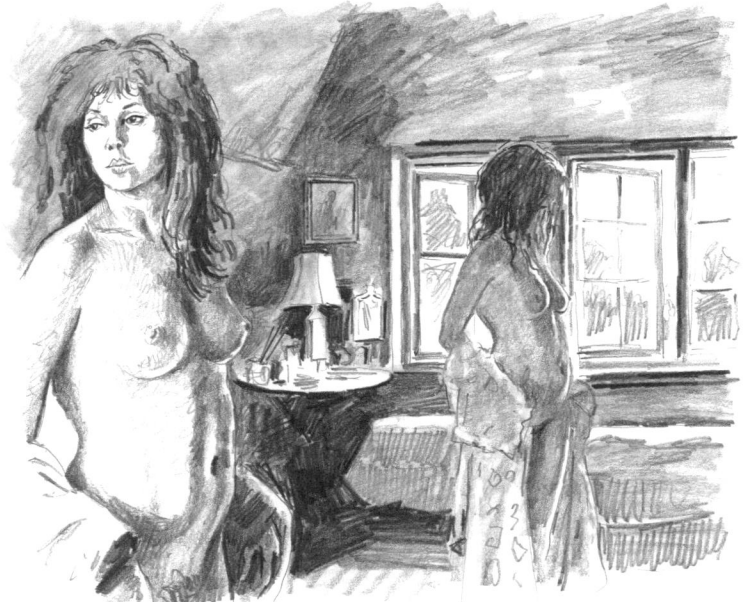

En esta composición realizada por el artista Peter Kuhfeld, la chica desnuda en su estudio está mirando por la ventana, pero a la vez queda reflejada en un gran espejo que hay detrás que muestra el lado opuesto y la ventana con vistas al jardín. En efecto, vemos dos figuras desde ángulos distintos. Así se crea profundidad y un interés añadido en el cuadro, ya que sentimos que solo haría falta ver un poco más de la sala hacia un lateral para ver al artista también reflejado en el espejo.

En esta escena al aire libre, también dibujada por Peter Kuhfeld, hay una chica sentada leyendo en una mesa en un jardín. Está rodeada por plantas y flores y solo vemos una ventana en el fondo. Sobre la mesa tiene una tetera con varios vasos, lo que una vez más nos hace intuir la presencial del artista gracias a los utensilios de la mesa. Como ocurría con la chica desnuda del estudio, se trata de una escena íntima pero el espacio ahora está al aire libre y sentimos la libertad del exterior que queda amplificada por el mantel blanco, las sillas de forja y una vegetación abundante.

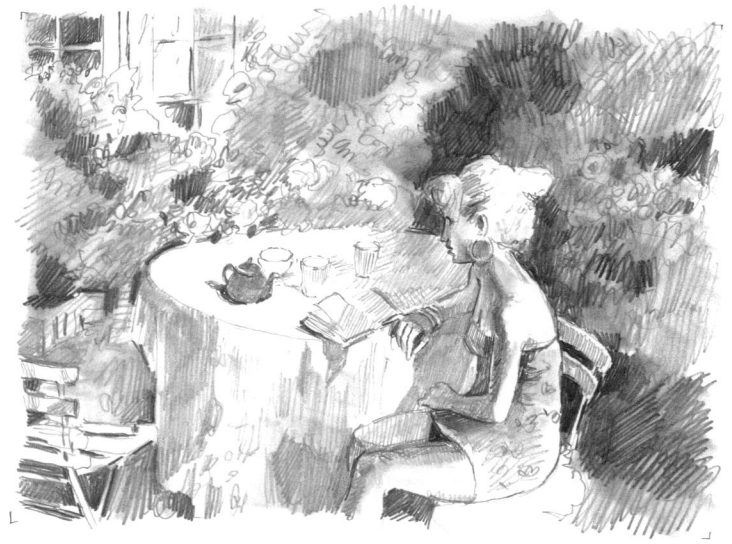

El artista Michael Andrews realizó un autorretrato de él con su hija en un estanque en el que ayudaba a su hija a aprender a nadar. Sin duda, para realizarlo ha usado imágenes fotográficas y ha utilizado el efecto del movimiento del agua y los reflejos para dibujar las partes del cuerpo que están bajo el agua. Ha reducido los salpicones a un mínimo, haciendo que destaquen frente a las profundidades del agua, de color oscuro. El equilibrio de la gran figura, casi vertical, y la pequeña figura horizontal ayuda a crear una composición interesante.

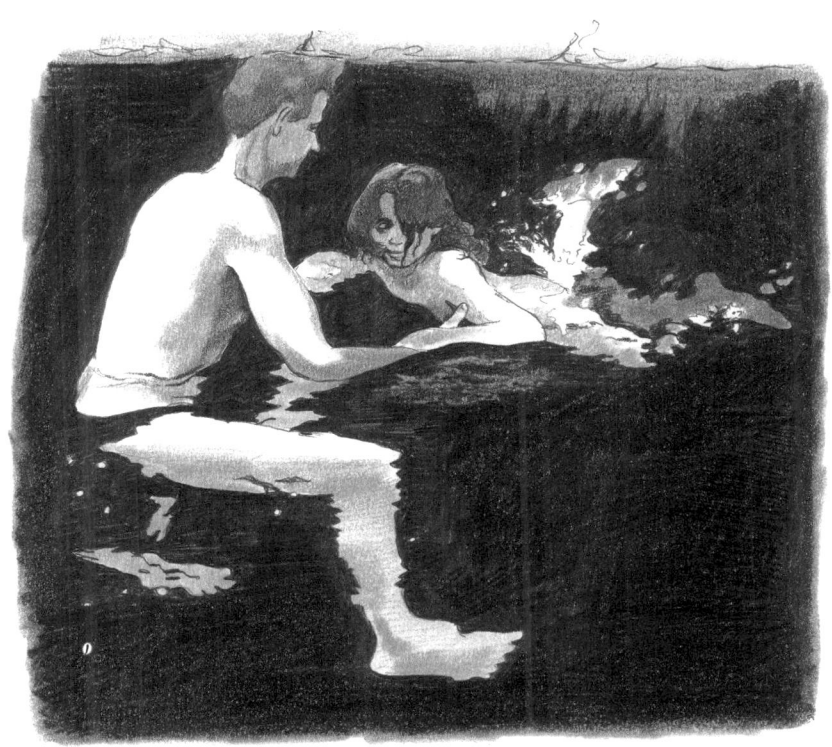

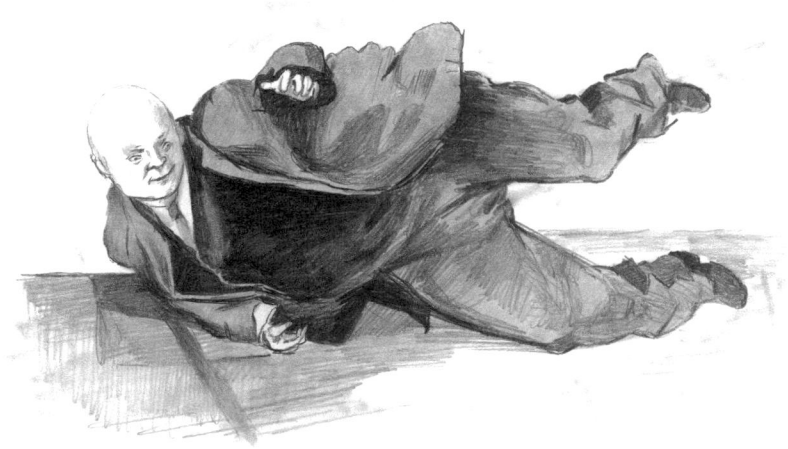

Este ejemplo es de otro dibujo de Michael Andrews de un hombre que se cae al suelo. El movimiento torpe de los brazos y las manos no le evitará el golpe y el movimiento del abrigo y los pantalones indican el trayecto en el aire hasta el descenso. Todos estos detalles hacen que sea una obra destacable. En el fondo del dibujo original hay una mujer que se echa las manos a la cara en reacción de sorpresa ante el accidente, lo que ayuda a incrementar el efecto del cuerpo que cae.

DIFERENTES MEDIOS

En esta sección del libro mostraremos algunos ejemplos de cómo han dibujado distintos pintores la figura humana dentro de su propio estilo, utilizando una amplia gama de medios y técnicas.

Lápiz

David Hockney es un gran pintor de la escena de arte moderna. Los ejemplos de su trabajo que se ilustran en esta página muestran una forma de dibujar la figura humana relativamente directa.

Este retrato del director de cine Billy Wilder (derecha) lo realizó Hockney en 1976. Está sentado en una silla de director, con el guión en las manos, destacando su profesión. El dibujo está realizado esencialmente con líneas de lápiz y unas zonas cuidadosamente elegidas con sombreado. En general se trata de un gran logro de dibujo clásico con lápiz.

Tinta

El retrato de Hockney de Henry Geldzahler (abajo) lo dibujó en Italia en 1973. Muestra a su amigo relajándose en una gran silla de acero en el jardín, dibujado con unas precisas y finas líneas puntafina.

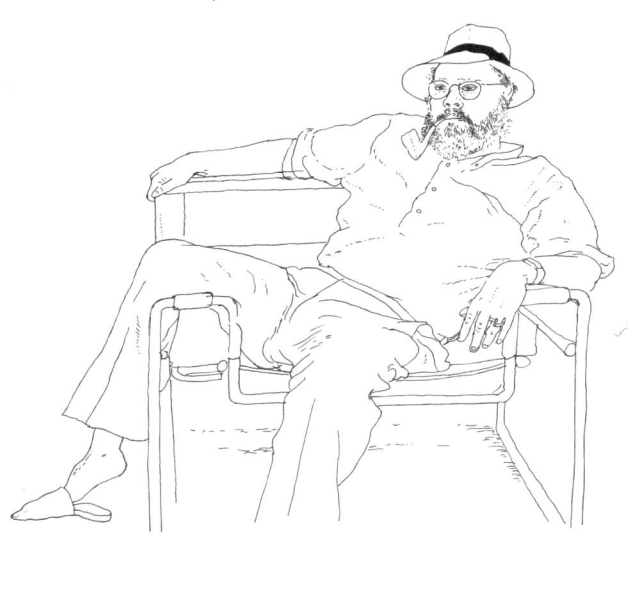

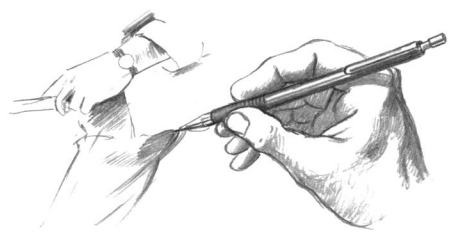

Los dos diagramas muestran el método usado por Hockney, dibujando con un lápiz portaminas de 2B y con un bolígrafo puntafina gráfico.

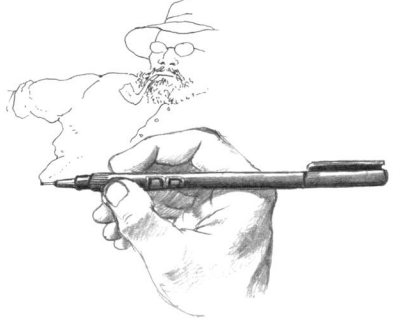

Pastel

El dibujo con pastel de Degas de una bailarina practicando ejercicios con puntas es uno de los muchos que produjo durante la década de 1860. Su brillante uso del pastel aporta una gran suavidad y redondez a las formas, pese a que el gran maestro se aseguraba de que cada marca tenía una función. Se trata de un recurso muy atractivo para realizar estudios de figuras debido a la rapidez y a la capacidad para mezclar los tonos con facilidad.

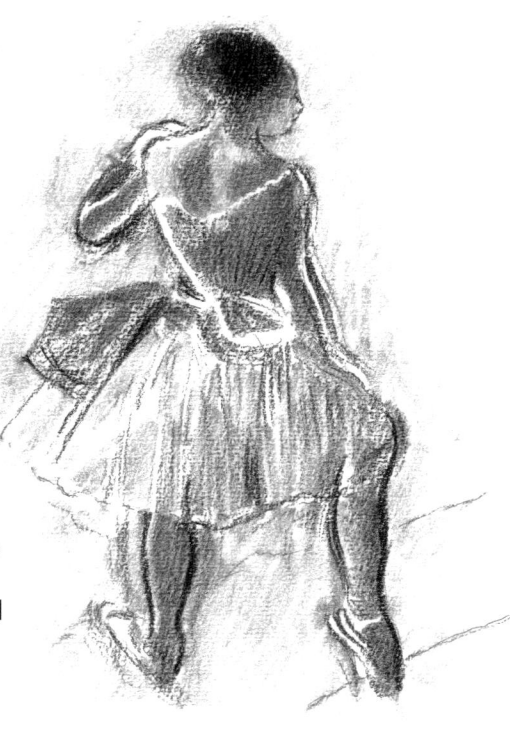

El pastel fluye con facilidad y rapidez pero es necesario manejar con cuidado las zonas tonales para crear los tonos poco a poco en vez de intentar conseguir el resultado final en solo un intento.

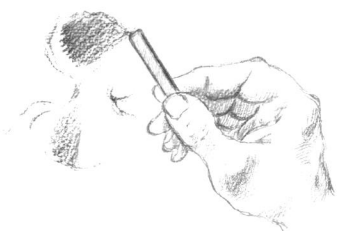

UN TRUCO ÚTIL

Con las obras de cada artista he mostrado el material que han utilizado y he sugerido cómo puede haberse manejado. Hay otros muchos recursos y utensilios disponibles, así que conviene probarlo todo hasta descubrir qué es lo que encaja mejor con nuestra personalidad y con el estilo que queremos desarrollar.

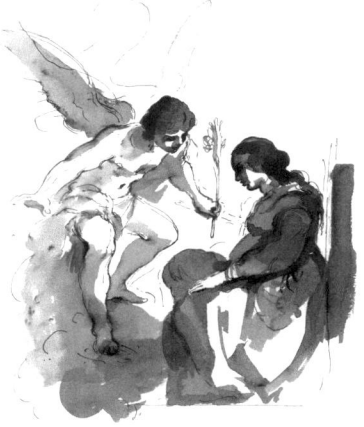

Pincel y acuarela

Este dibujo realizado por el maestro italiano Guercino en 1616 era un esbozo para un pequeño cuadro de la Anunciación, con el arcángel Gabriel descendiendo del cielo con una azucena, símbolo de la pureza de María. La línea con tinta que Guercino utiliza para trazar las figuras, aunque muy delicada, también muestra seguridad, un rasgo que denota su gran habilidad. El dibujo tiene áreas de tono más diluidas en agua con zonas con más color y el pincel húmedo también ha diluido algunas líneas. El manejo de las zonas oscuras con el contraste de las zonas claras es magnífico, lo que explica por qué sus obras están tan buscadas por los coleccionistas.

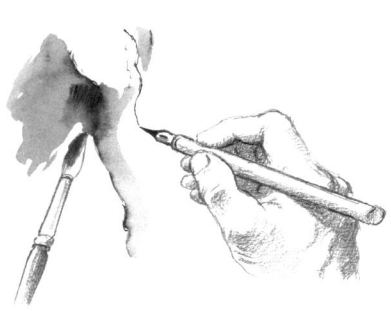

Esta ilustración muestra el uso de la pluma con acuarela, alternando las finas líneas de la pluma con el fluir del tono que queda diluido en algunas áreas donde se requiere mayor redondez.

ÍNDICE ALFABÉTICO